Nichts ist zu schwer für den, der spinnt

Für meinen Mann Marcus, den besten Ehemann von allen:
Ohne seine Liebe, seine Unterstützung und seinen Glauben an mich
wäre ich nicht, wo ich bin. Und dieses Buch gäbe es schon gar nicht.

Katja Michalek

Nichts ist zu schwer für den, der spinnt

Stärke deine Resilienz und werde erfolgreich und glücklich

Band eins der Trilogie „Resilienz x Spaß = Erfolg"

Bibliografische Information der Deutschen Nationalbibliothek
Die Deutsche Nationalbibliothek verzeichnet diese Publikation
in der Deutschen Nationalbibliografie; detaillierte bibliografische Daten sind im
Internet über http://dnb.d-nb.de abrufbar.

Punktlandung Verlag

ISBN: 978-3-948043-00-1

Druck: Libri Plureos GmbH, Friedensallee 273, 22763 Hamburg

Inhaltsverzeichnis

Vorwort

Lieber Leser, liebe Leserin,

danke, dass Sie die Verantwortung für Ihr eigenes Leben in die Hand nehmen und sich um sich selbst kümmern! Denn das ist die Intention dieses Buchs: Ihnen zu zeigen, was Sie selbst tun können, um in diesem Leben erfolgreich zu sein. Und ich spreche in diesem Buch von Ihrer persönlichen Version von Erfolg – die muss nicht immer notwendigerweise die typische Karriereleiter nach oben sein.

Dieses Buch ist nicht als wissenschaftliche Abhandlung konzipiert, ganz im Gegenteil: es ist ein Buch aus der Praxis für die Praxis. Sie werden viele Hintergründe aus der Resilienzforschung und der positiven Psychologie kennenlernen. Der Schwerpunkt des Buches liegt auf dem Praxisbezug und auf der Umsetzbarkeit in Ihrem Alltag, denn beides ist mir in meiner Arbeit sehr wichtig. Sie werden in diesem Buch nicht nur neues lernen, sondern wahrscheinlich einiges wiederfinden, was Sie „eigentlich" schon wissen – aber vielleicht nicht immer umgesetzt haben, oder zwischendurch wieder vergessen haben. Dieses Buch wird Ihnen hoffentlich die ein oder andere neue Perspektive eröffnen und einen neuen Blick auf manche Dinge ermöglichen. Ich wünsche mir, dass es Sie anregt und Ihnen Impulse liefert – anregt, Ihren eigenen Weg zu finden.

Die Übungen in diesem Buch habe ich aus verschiedenen Quellen zusammengetragen – sie stammen aus Resilienztrainings, meiner eigenen Coachingpraxis, Bewerbungstrainings, Persönlichkeits-entwicklungsseminaren, Kommunikationstrainings, dem MBSR und verschiedenen Yogaformen. Alle habe ich selbst getestet. Viele von ihnen nutze ich bis heute, andere haben ihre Zeit gehabt und passen nicht mehr zu mir. Ich rege Sie an, sie auszuprobieren – und sich inspirieren zu lassen, weitere, eigene zu suchen.

Mehr als alles andere wünsche ich mir, dass dieses Buch Sie dazu ermutigt, Glück in Ihrem Beruf zu suchen, wenn Sie dieses noch nicht gefunden haben. Denn wenn Sie in Ihrem Job unglücklich sind oder sich über- oder unterfordert fühlen, nagt das an Ihrer Resilienz. Und das kann ganz dramatische Folgen haben. Ebenso ist es aber auch wichtig, dass Sie auf sich und Ihre Resilienz achtgeben, auch wenn Sie in Ihrem Job genau richtig sind.

Dieses Buch ist für Sie, wenn...

- Sie Freude an dem haben, was Sie tun oder gerne mehr Freude daran hätten.
- Sie wissen, dass Leben Veränderung bedeutet.
- Sie fest daran glauben, dass man im Job auch glücklich sein darf.
- Sie auf der Suche nach Ihrem eigenen Erfolgsrezept sind.
- Sie wissen, dass Sie selbst verantwortlich für Ihr Leben sind, und diese Verantwortung annehmen wollen.

Dieses Buch ist nicht für Sie, wenn...

- Arbeiten für Sie einfach nur bedeutet, morgens ein- und abends wieder auszustempeln und am Monatsende das Gehalt zu beziehen.
- Sie glauben, dass Sie „fertig" oder „ausgelernt" sind.
- Sie denken, dass andere Menschen oder Ihre Firma für Ihr Unglück verantwortlich sind.
- Sie nicht bereit sind, etwas zu ändern, auch wenn Sie noch so unglücklich mit Ihrem Ist-Zustand sind.

Wenn Sie zur ersten Kategorie gehören: Herzlich willkommen! Ich wünsche Ihnen viel Spaß bei der Lektüre.

Wenn Sie sich in der zweiten Kategorie wiederfinden: macht gar nichts! Aber vielleicht möchten Sie es dennoch mit diesem Buch versuchen – es könnte sich ja trotzdem etwas zum Positiven verändern. Wenn nicht, schenken Sie es einfach jemand anderem.

Ich wünsche Ihnen von Herzen alles Gute und vor allem – viel Freude beim Lesen!

Ihre Katja Michalek

Essen, im November 2018

Vorwort zur vorliegenden Ausgabe

Seit ich dieses Buch geschrieben habe, sind nunmehr fast 6 Jahre vergangen. Und ich wäre mir selbst nicht treu geblieben, wenn ich in dieser Zeit nicht an mir selbst gearbeitet, mich um mein persönliches Wachstum gekümmert, und mich weiterentwickelt hätte.

So ist mir bewusst geworden, warum ich tue, was ich tue, und wieso mir das Thema Resilienz so am Herzen liegt. Und mir ist bewusst geworden, dass Resilienz noch viel tiefer geht, als ich es am Anfang meiner Selbstständigkeit begreifen konnte.

Im nächsten Kapitel werden Sie einiges über mein Leben erfahren, und die verschiedenen Umbrüche und Schicksalsschläge, die ich erlebt habe – zumindest die, die ich zu diesem Zeitpunkt erzählen durfte oder wollte... Auf diese habe ich Zeit meines Lebens reagiert, wie ich es gelernt hatte, und was ich lange als resilient bezeichnet habe: mit einer Art Steh-Auf-Männchen-Qualität. Denn ich hatte Resilienz (noch bevor ich das Wort kannte) auf Optimismus und Pragmatismus reduziert.

Das vorliegende Buch war ein erster Schritt zu einem tieferen Verständnis von Resilienz, das sich in der Zeit danach noch weiter ausgebaut hat. Denn: elegant umschifft hatte ich lange, lange Zeit, den Emotionen Rechnung zu tragen, die die Krisen in meinem Leben bei mir ausgelöst hatten. Vielmehr hatte ich diese immer fleißig verdrängt und fein säuberlich in Schubladen gesteckt. Diese Strategie hat jedoch irgendwann nicht funktioniert, und ich bin innerlich buchstäblich geplatzt (genauer gesagt meine Bandscheibe – und das kurz nach meiner Gründung als Trainerin und Coach). Unter dieser Situation litten vor allem diejenigen, die am wenigstens daran ändern konnten: die tollen kleinen Jungs, die ich auf die Welt gebracht hatte.

Denn ich war über die Jahre innerlich ein Stück weit taub geworden. Gefühlstaub. Das stellte ich aber erst fest, als ich einige Zeit später meinen, bitterlich weinenden Sohn auf dem Schoß hielt – und seine Traurigkeit und seinen Schmerz nicht spüren konnte. Erst Jahre später, in einem Seminar, erinnerte ich mich an diese Situation, und erschrak im Nachhinein sehr darüber. Ich begann der Sache auf den Grund zu gehen, und erkannte, dass Emotionssteuerung nicht nur darin besteht, die eigenen Gefühle schnell ins Positive zu steuern. Sondern vielmehr auch darin, negative Emotionen zuzulassen, wahrzunehmen, zu fühlen (insofern greift Kapitel 3, wo ich auf die einzelnen Fäden eingehe, an dieser Stelle etwas zu kurz). Wenn wir das tun, haben wir die Chance, unsere Gefühle entweder dafür zu nutzen, eine Lösung für die jeweilige Situation zu finden, oder die zugrunde liegenden Emotionen nachhaltig zu heilen. Und nur dann werden wir es schaffen, auch auf Dauer den Stürmen des Lebens zu trotzen. Und nur dann werden wir wirklich wahrhaftig sein, und glücklich und erfüllt leben können – uns selber treu.

Ich bin der festen Überzeugung: wenn wir alle tun, was wir am besten können und uns am meisten Spaß macht, und dabei auf unsere Resilienz achtgeben, werden wir nicht nur glücklich – wir werden auch Vorbilder für andere sein. Und gemeinsam verändern wir dann die Welt, und machen sie zu einem glücklicheren Ort der Erfüllung und des Wachstums!

Unrealistisch? Wer weiß – aber irgendwo muss man ja anfangen. Am besten bei sich selbst!

Wenn Sie sich da wiederfinden, freue ich mich umsomehr, dass Sie da sind. Ich bin mir ziemlich sicher, dass Sie aus diesem Buch (und dem dazugehörigen Arbeitsbuch, „Spinn dich STARK, Tag für Tag") viel für sich mitnehmen werden! Als Dankeschön fürs fleißige Lesen erwartet Sie am Ende des Buches auch noch ein kleines, aber potentiell sehr wertvolles Geschenk. Es ist also wie immer im Leben: Dranbleiben lohnt sich ;-)

In dem Sinne wünsche ich Ihnen viel Spaß beim Lesen!

Es grüßt Sie herzlich,
Ihre Katja Michalek

Essen, im Juli 2024

1. Einleitung: Warum ich dieses Buch geschrieben habe

Warum Resilienz – und was ist das überhaupt?

In den Jahren 2015 und 2016 absolvierte ich eine Trainerausbildung am INeKO-Institut an der Universität zu Köln. Ich hatte mich zwar zu meinen Zeiten bei Lufthansa immer schon freiwillig gemeldet, wenn es um Vorträge, Präsentationen oder Moderationen ging, wollte aber vernünftiges Handwerkszeug haben, bevor ich als Trainerin in die Selbstständigkeit ging.

Eines Tages bekamen wir die Aufgabe, zu zweit oder dritt ein Probetraining zu konzipieren. Ich fand mich plötzlich beim Thema „Achtsamkeit" wieder, was ich einerseits sehr spannend, andererseits aber etwas zu abgehoben und esoterisch fand.

Eine Freundin von mir aus Ausbildungstagen bei LH, die lange Erfahrung als Trainerin hatte, brachte mich auf die Idee, den Fokus auf das Thema „Resilienz" zu legen – und plötzlich fühlte sich das Ganze für mich rund und stimmig an.

Heute verstehe ich, wieso: Zum einen war es der handfeste, greifbare Ansatz von Resilienz, der mich ansprach. Zum anderen erkannte ich mich selbst in diesem Konzept wieder. Ich sah Parallelen zu meinem eigenen Leben und meinen eigenen Erfahrungen, und ich fand Erklärungen für meine Handlungen (und die der anderen Menschen).

Um ein wenig vorweg zu nehmen: Resilienz ist der Fachbegriff für die mentale Widerstandskraft, für die Fähigkeit, nach Krisen, schweren Lebensphasen oder Rückschlägen wieder aufzustehen, das Krönchen zu richten und weiterzumachen.

Wenn ich mein Leben in einem Satz beschreiben müsste, könnte das genau dieser sein: hinfallen, aufstehen, Krönchen richten, und weiter geht's.

Die Anfänge – der erste Umzug nach Kenia

Als ich noch keine 4 Jahre alt war, zog meine Familie nach Kenia. Meine Eltern wollten gerne im Ausland arbeiten, und hatten sich als Lehrer und Kindergärtnerin bei der zuständigen Behörde gemeldet, um ins Ausland versetzt zu werden. Sie kamen in die engere Auswahl für die Posten an der Deutschen Schule in Nairobi – doch leider fiel die Wahl auf ein anderes Ehepaar.

Pragmatisch wie meine Eltern sind, planten sie zunächst einmal unsere Sommerferien, um es danach aufs Neue zu versuchen. Das Auto war schon gepackt, und wir waren schon fast auf dem Weg nach Frankreich, als der Anruf kam. Einer aus der Familie, die eigentlich statt unserer nach Kenia ziehen sollte, war durch die Tropentauglichkeitsuntersuchung gefallen. Ob meine Eltern noch Interesse...

Hatten sie. Allerdings musste es schnell gehen – zumindest die Lehrerstelle sollte schon nach den Sommerferien angetreten werden. Also beschlossen meine Eltern gemeinschaftlich, dass mein Vater vorgehen würde, und meine Mutter den Umzug organisieren und mit meiner Schwester und mir zu Weihnachten nachkommen würde.

Aber zunächst fuhren wir in die Ferien – der Urlaub war ja bereits gebucht, und außer dem Flug meines Vaters zu buchen, gab es ja zunächst nichts zu tun.

Erste Vorbilder

Jetzt, wo ich selbst Mutter bin, kann ich nur erahnen, was für eine Kraft es meine Mutter gekostet haben muss, diesen Umzug in ein ihr fremdes Land zu organisieren. Körperliche, aber auch – und vor allem – mentale. Bedenken Sie – wir sprechen von den 1970er Jahren, meine Mutter war als Erzieherin vollzeitberufstätig, hatte mit meiner Schwester eine spätpubertierende 16-Jährige und mit mir ein 3-jähriges Kindergartenkind, das seinen Vater schmerzlich vermisste und überhaupt nicht verstand, was vor sich ging.

Meine Mutter löste das Ganze in ihrer ganz eigenen Art: optimistisch, liebevoll und anpackend. Katja vermisst ihren Vati? Dann legt Mutti sich abends halt auf den Teppich im Kinderzimmer und schreibt ihm einen Brief. So blieb die Verbindung zu meinem Vater präsent und greifbar, und ich konnte beruhigt einschlafen.

Aus meiner jetzigen Perspektive, mit meinem jetzigen Wissen, würde ich mit Fug und Recht behaupten können, dass meine Mutter äußerst resilient gehandelt hat. Und auch über die Jahre war sie in Sachen Resilienz ein Vorbild für mich – sei es, als sie in den 6 Jahren zwischen unseren beiden Kenia-Aufenthalten arbeitslos war, und dennoch den Kopf nicht in den Sand gesteckt hat. Sei es, als sie mit Mitte 50 die Diagnose Brustkrebs erhalten hat, und nicht daran zerbrochen ist, sondern mit voller Energie (und erfolgreich) für ihre Heilung gekämpft hat (ich werde nie vergessen, wie sie kurz vor der Chemotherapie zum Friseur ging und sagte, er solle ihr die Haare abschneiden, da diese ihr in der kommenden Behandlung ohnehin ausfallen würden. Was sie übrigens nicht taten).

Aufwachsen auf zwei Kontinenten

Vielleicht war es dieses Vorbild meiner Mutter, das meine eigene Resilienz geprägt hat, vielleicht waren es auch die vielen Herausforderungen in meinem eigenen Leben, die mich stark gemacht haben. Denn zweimal zog ich in das Land, das sich immer noch wie die Heimat meines Herzens anfühlt, Kenia – und zweimal wurde ich wieder rausgerissen.

Kindergarten und Grundschule in Kenia

Meine frühesten Erinnerungen spielen in Kenia. Ich habe zwar zwei sehr verschwommene Bilder aus der Zeit davor, aber gefühlt begann mein Leben in Nairobi, der Hauptstadt, in der wir lebten.

Und es war ein herrliches Leben für eine 4-Jährige: wir hatten ein großes Haus mit einem riesigen, abschüssigen Garten, durch den ich mit unseren Hunden Doggy, Viola (2 Labradorweibchen) und Simba (ein Dackel, der „Löwe" hieß) rannte, sobald ich vom Kindergarten nach Hause kam. Ich besuchte den gleichen Kindergarten, den meine Mutter leitete, und der wiederum zu der Schule gehörte, an der auch mein Vater unterrichtete. Meine Schwester ist 12 Jahre älter als ich, und da die Deutsche Schule damals nur bis zur 10. Klasse ging, wechselte sie nach einem halben Jahr auf eine englische Schule, aber sie lebte ja bei uns – also waren wir immer zusammen.

Ich war ein glückliches, freies Kind, das auf Riesenschildkröten ritt, mit der Klasse seines Vater auf Klassenfahrt zum Zelten in den Busch fuhr und die Ferien entweder auf Safari oder an der Küste verbrachte, wo – auch wieder gezeltet wurde.

Die Safaris zu dieser Zeit, also Ende der 1970er und Anfang der 1980er Jahre, habe ich noch in sehr starker Erinnerung. Wir hatten oft Besuch aus Deutschland und fuhren dann mit diesem in den Busch

18

– und das war oft abenteuerlich. Denn nahe am Äquator geht die Sonne um Punkt 19.00 Uhr unter, und dann wird es schlagartig dunkel. Wenn man auf Safari ist, sollte man also tunlichst zusehen, dass man vorher noch einen adäquaten Zeltplatz findet. Dann heißt es, Zelte aufschlagen, Steine und Holz fürs Lagerfeuer suchen und Feuermachen. In Kühltruhen hatten wir immer gekühltes Bier und Softgetränke für uns Kinder dabei, und nachdem alles erledigt war, saßen wir in Ruhe um das Lagerfeuer herum und erzählten uns Geschichten – oft bis tief in die Nacht.

Natürlich geht auf solchen Safaris nicht immer alles glatt. Beim Holzsammeln kam es vor, dass wir einen Skorpion oder eine Giftschlange aufscheuchten.

Wenn es geregnet hatte, blieb schon mal ein Wagen im Schlamm stecken und musste von den anderen Fahrzeugen rausgezogen werden (zur Unterstützung hatten wir immer Metallplatten dabei, die wir unter die Reifen schieben konnten).

Einmal mussten wir zu zwölft in unserem VW-Bus übernachten, weil ein unerfahrener Fahrer mit dem Land Rover, unserem zweiten Fahrzeug, im Schlamm steckengeblieben war. Da es schon spät war, konnten wir den Wagen nicht mehr rechtzeitig vor Einbruch der Dunkelheit ausbuddeln, und mussten notgedrungen den nächsten Morgen abwarten. Der Legende nach war die einzige Flasche Whiskey innerhalb von einer halben Stunde leer, und mein Vater und ich die einzigen beiden, die in dieser Nacht schliefen. Um unser Auto kreisten Hyänen, und alle weiblichen Insassen mussten zum Pinkeln zur Schiebetür rausgehalten werden.

Ein anderes Mal ist eines unserer Fahrzeuge in der Kurve umgekippt, weil der Fahrer, mein aus Hamburg angereister Onkel, zu schnell gefahren war.

Meine Kindergeburtstage im Dezember waren immer eine große Gaudi, denn sie fielen in die heißeste Jahreszeit. Ich feierte draußen im Garten – einmal war sogar ein indischer Clown zugegen, der Kaninchen aus dem Hut zauberte. Auch Weihnachten hatte etwas ganz Besonderes, denn obwohl es tagsüber heiß war, feierten wir immer nach deutscher Tradition mit Tannenbaum und Geschenken. Unser Koch, Murage, den ich sehr ins Herz geschlossen hatte, bereitete dazu den Truthahn.

Das mir fremde Heimatland – die erste Rückkehr

Das erste Mal war ich 8, als wir nach Deutschland zurückkehrten, und kam in die 3. Klasse einer „normalen" deutschen Grundschule. Es war schrecklich. Meine Mitschüler hatten überhaupt kein Verständnis für mich, und hänselten mich häufig mit meinem Heimweh nach Kenia. Ich tat mich sehr schwer in Essen, und verbrachte meine Zeit damit, meine alten Spielsachen nach und nach aus dem Regal zu nehmen und zu bespielen. Obwohl ich aus ihnen schon längst herausgewachsen war, waren sie mir Halt und Stütze - weil sie die Verbindung nach Kenia symbolisierten.

Es dauerte Jahre, bis ich in der heutigen Patentante meines Erstgeborenen eine echte Freundin fand. Und als unsere Freundschaft gerade enger wurde, überbrachten meine Eltern mir die Nachricht, dass wir erneut wegziehen würden. Ich ging mit einem lachenden und einem weinenden Auge – denn einerseits musste ich meine beste Freundin verlassen, aber andererseits hieß es, endlich wieder zurück nach Kenia.

Kenia, die Heimat meines Herzens – die Zweite

Warum aber fühlte ich mich in Kenia so heimisch? War es die Kultur? Eher nicht – ich ging auf eine deutsche Schule, meine Freunde waren Deutsche, Österreicher und Schweizer. Mit der einheimischen Bevölkerung kam zumindest ich nur durch unsere Hausangestellten und die Bediensteten der Schule in Kontakt.

Es war einerseits dieses wunderschöne Land, in dem wir lebten, das in all seinen Farben, seiner Landschaft, den Menschen und des Klimas so vielfältig, beeindruckend und intensiv ist, dass es nur zwei Möglichkeiten gibt: es zu lieben oder zu hassen. Ein „Okay" gibt es meiner Erfahrung nach nicht, wenn Menschen über Kenia sprechen, zumindest nicht, wenn sie längere Zeit dort verbracht haben.

Andererseits war es die absolute Freiheit, die ich als Kind und Jugendliche dort genoss. Wir lebten wie gesagt in einem großen Haus mit Garten, das Wetter war (von der Regenzeit abgesehen, die sich durch extrem heftige, aber kurze Regengüsse auszeichnete) immer gut, wir hatten Hunde, eine Katze, zeitweise Hühner und Meerschweinchen. Ich war immer draußen. Mit 16 Jahren brachte mein Vater mir das Autofahren bei, und fortan durfte ich (nur mit einer „Learner's License" ausgestattet, alleine fahren). Am Wochenende packten wir unseren Land Rover und gingen auf Safari – auf richtige Safari. Mit Zelt, wild campen und Steak am Lagerfeuer grillen. Mit Elefanten, die nachts durch unser Camp wanderten, und Autos, die im Schlamm steckenblieben und rausgezogen werden mussten. Alles, was für ein paar Menschen einmal im Jahr, für viele nur einmal im Leben stattfindet, hatten wir in jedem Urlaub und an den meisten Wochenenden.

Third Culture Kids

Wenn ich so drüber nachdenke, war es aber noch ein dritter Punkt, der es mir so leicht gemacht hat, mich dort schnell wieder einzufinden und glücklich zu sein: meine Klassenkameraden. Denn diese waren, wie ich, „Third Culture Kids".

Unter Third Culture Kids bezeichnet man Kinder und Jugendliche, die in einem anderen als dem Heimatland ihrer Eltern aufwachsen, oder die in ihrer Jugend häufig in andere Länder umgezogen sind. Die aber auch nicht so integriert sind in das andere Land, dass sie dessen Kultur annehmen, weil sie beispielsweise auf eine Deutsche oder Internationale Schule gehen, oder/und in Wohngebieten leben, in denen mehrheitlich Expatriates wohnen. Solche Kinder und Jugendlichen bilden dann ihre eigene Kultur aus, die Elemente und Eigenschaften aus den Kulturen der beiden Länder beinhaltet, aber keiner der beiden gleicht.

Third Culture Kids sind meistens Kinder von entsandten Mitarbeitern globaler Unternehmen, Diplomaten, Missionaren, Entwicklungshelfern oder, wie in meinem Fall, Lehrern – den sogenannten Expatriates, die für eine begrenzte Zeit im Ausland arbeiten.

Nach meinem Erleben sind diese „TCKs" sehr viel offener für andere Menschen und Kulturen, schließen schneller Freundschaften, sind aber auch wurzelloser (und oft auch ruheloser) als die meisten Menschen, die ich in Deutschland kennengelernt habe.

Das große Abenteuer: Wochenendsafaris und Tauchurlaube

Ein ehemaliger Schüler der Deutschen Schule Nairobi, der Schriftsteller Ilja Trojanow, hat einmal einen typischen Freitag an unsere Schule beschrieben: auf dem Parkplatz standen lauter vollbepackte Land Rover und Landcruiser, und der Unterricht endete zeitig, weil alle Lehrer auf Wochenendsafaris gehen wollten.

Und so war es tatsächlich, auch bei uns: Nicht jedes Wochenende, aber an vielen unternahmen wir Kurztrips in den Busch. Zunächst (und lange) mit den Eltern, die Zwölftklässler und die angehenden Abiturienten dann immer häufiger gemeinsam.

Am Lake Baringo war das Wasser zwar schlammig und voller Krokodile, aber dafür lebte auf dem Campingplatz eine Riesenschildkröte, auf der wir Kinder reiten konnten.

Zum Lake Nakuru fuhren wir, um im Nakuru Nationalpark auf Game Drive zu gehen – der Suche nach Game, also wildlebenden Tieren, und um den Ausblick auf den See mit den Millionen von Flamingos zu genießen. Dabei kam es auch schon mal vor, dass einer von uns auf dem Rückweg vom Plumpsklo plötzlich hinter sich ein lautes Kreischen hörte – und aus den Augenwinkeln gerade noch sah, wie ein Leopard sich einen Pavian schnappte, um diesen zu vertilgen.

Der Lieblingsort meines Vaters war aber der Lake Magadi – ein Sodasee, der eigentlich gar kein See ist, sondern vielmehr eine Salzpfanne, die nur in der Regenzeit etwa ein Meter hoch mit Wasser bedeckt ist. Hier ist es unwahrscheinlich heiß und trocken, die Landschaft ist unwirtlich, nur von vereinzelten Dornbüschen und Schirmakazien durchsetzt und es herrscht absolute, fast unheimliche Stille. An diesem Ort fühlt man sich unendlich klein, und begreift auf einmal, wie machtvoll die Natur ist. Ein fast magischer Ort.

Das Gegenprogramm dazu waren die Aberdares, im Hochland von Kenia, etwa 100 km nördlich von Nairobi. Dieser Nationalpark liegt auf bis zu 4000 m Höhe – dementsprechend ist die Landschaft auf eine andere Art und Weise karg als am Lake Magadi. Hier gibt es alpine Heidelandschaft ebenso wie Berg- und Bambuswälder, es ist kalt, feucht und oft neblig. Hier mieteten wir uns entweder einfache Blockhütten, und versorgten uns selbst, oder mieteten uns in einer der Lodges ein, eine Art Hotel in der Wildnis. Die bekannteste davon ist übrigens das Treetops – hier erfuhr Prinzessin Elisabeth vom Tod ihres Vaters, König George VI., und somit ihrer bevorstehenden Thronbesteigung.

Manchmal verbrachten wir das Wochenende auch an der Küste (in meiner Familie sprachen wir immer davon, dass wir „nach Mombasa" fahren würden, was nicht ganz korrekt war, weil wir unseren Urlaub nicht in der gleichnamigen Stadt verbrachten, sondern meist an der Südküste, genauer am Diani Beach). Dies war jedoch zeitlich eine ziemliche Herausforderung – für die Strecke von nur 500 km war der Nachtzug damals dreizehn Stunden unterwegs. Das war allerdings auch wieder ein Abenteuer für sich, die Bahnstrecke und der Zug stammten nämlich noch aus Kolonialzeiten. Als Westeuropäer mietete man ein Abteil (die zweite Klasse verfügte über vier Betten, die erste über zwei). Wenn das Abendessen fertig war, ging ein Zugangestellter mit einem Xylofon durch den Zug, um die Fahrgäste darüber zu informieren, dass sie sich in den Speisewagen begeben sollten. Und während man speiste (ganz feudal mit weißen Tischdecken und Silberbesteck), richtete ein anderer Angestellter die Betten. Wenn man sich dann schließlich zur Nacht begab, wurde man vom gleichmäßigen „Tatamm, tatamm, tatamm" in den Schlaf gerattert.

Morgens waren wir dann oft wieder früh wach, und konnten die sich verändernde Landschaft beobachten, die immer mehr von Baobabbäumen und Palmen geprägt wurde, während Temperatur und Luftfeuchtigkeit kontinuierlich stiegen.

So verbrachten wir unsere freie Zeit – am Wochenende mit Kurztrips, in den Ferien mit längeren Safaris an den Lake Turkana, in die Massai Mara, oder auch mal in die Serengeti.

Der schlimmste Tag des ganzen Jahres

Unsere Schule war größtenteils eine eingeschworene Gemeinschaft. Selbstverständlich gab es Fehden, Lästereien und Zank. Aber so richtig außen vor war niemand, dafür waren wir viel zu wenig Schüler. Zu meiner Zeit waren wir zweihundertundfünfzig – vom Kindergarten bis zum Abitur. Mein Abi Jahrgang 1993 bestand aus neun Abiturienten, das schweißt zusammen.

Die meisten von uns waren allerdings durch ihre Eltern nur für eine begrenzte Zeit in Kenia: meine Eltern waren wie gesagt Lehrer bzw. Erzieherin, die Väter von zwei meiner Klassenkameraden waren Diplomaten, einer war Missionar, einer Auslandskorrespondent einer großen deutschen Zeitung. Die wenigsten blieben dauerhaft in Kenia. Demzufolge barg der letzte Tag vor den Sommerferien keinen Grund zu feiern, wie es an den meisten Schulen in Deutschland so ist. Im Gegenteil: für viele von uns war es der schlimmste Tag des ganzen Jahres. Weil ein Teil der Schülerschaft das Land verließ. Und damit potenziell auch der beste Freund oder die beste Freundin.

Ich erinnere mich noch gut an den letzten Schultag des Schuljahres 1990/91, als meine damals beste Freundin ging. Es war heiß, wie fast immer, mein Freund hielt mich im Arm – und ich heulte mir die Seele aus dem Leib. Diesen Tag und diesen Schmerz werde ich nie vergessen. Noch heute bekomme ich einen Kloß im Hals, wenn ich daran denke - und es folgten noch mehr dieser Tage.

Die erste Liebe

Meine erste große Liebe traf ich natürlich ebenfalls in Kenia. Er war der Sohn des damaligen Lufthansa-Stationsleiters (und damit der Grund, warum ich später auf Lufthansa als Ausbildungsbetrieb aufmerksam wurde), und eine Klasse über mir. Er sah nicht nur gut aus, sondern war nett und cool – eine, wie ich finde, recht seltene Mischung bei 18-Jährigen. Richtig gefunkt hat es zwischen uns im Bubbles, einer von zwei Diskos, die wir frequentierten. An einem Freitagabend im April, zum Lied „Red Red Wine" von UB40.

Ein Jahr später zog er zum Studium nach Österreich. Wir versuchten es bis zu meinem Abitur im folgenden Jahr mit einer Fernbeziehung, aber es war Anfang der Neunziger – es gab noch kein Internet und telefonieren war teuer. Wieder ein mir wichtiger Mensch, den ich verlor.

Das mir fremde Heimatland – die zweite Rückkehr

Die zweite Rückkehr in meine deutsche Heimat, die mir lange so fremd war, war dann mit neunzehn, nach meinem Abitur. Wie schon beim ersten Mal fiel es mir schwer, Anschluss zu finden. Ich traf auf Menschen, die dieses Leben im Ausland nicht verstehen konnten. Die diese Sehnsucht nicht nachvollziehen konnten, die Menschen haben, die in anderen Ländern groß geworden sind. Ich sehnte mich nach Zugehörigkeit, stach aber unweigerlich heraus. Ich war wie die sprichwörtliche Giraffe unter lauter Zebras – und versuchte so verzweifelt, auch ein Zebra zu sein, dass ich meine Zeit in Kenia phasenweise gar nicht erwähnte.

Endlich erwachsen – und dennoch verloren

Geprägt durch meine Auslandserfahrung, zog es mich nach dem Abitur in die Reise- und Touristikbranche, weil ich mir von dieser eine Art „Ausland im Inland"- Gefühl versprach. Ich hatte das Glück, eine Ausbildung bei Lufthansa beginnen zu können, und traf dort auf viele ähnlich Denkende. Ein Ausbildungskollege von mir war in Venezuela aufgewachsen, eine war mit einem US-Amerikaner liiert. Ich erhoffte mir, mit Lufthansa wieder ins Ausland gehen zu können, und hatte gleichzeitig die Möglichkeit, in meiner Freizeit viel und günstig reisen zu können.

Dennoch waren die ersten Jahre zurück in Deutschland schwierig für mich. Ich hatte unendliches Heimweh und fühlte mich wurzellos. Ich war unglücklich und unzufrieden mit mir, hatte kein Ziel vor Augen, was ich wirklich mit mir, meiner Ausbildung und meinem Leben anfangen wollte. Ich erinnere mich an die Frage eines Freundes meiner Schwester: „Was möchtest du am Ende deines Lebens über dich sagen können?" Meine Antwort: „Dass ich die meiste Zeit meines Lebens in Kenia gelebt habe". Ein Leben in Kenia war für mich in dieser Zeit der Heilsbringer, weil ich es gleichsetzte mit einem glücklichen Leben. Aus meiner jetzigen Perspektive betrachtet weiß ich, dass meine Fähigkeit zur Selbstreflexion in dieser Zeit nicht sonderlich gut ausgeprägt war.

So lebte ich vor mich hin, entschied mich für Jobs (und dann auch für mein Studium in London) aus dem Bauch heraus, ohne zu überlegen, was ich denn wirklich will und wo meine Stärken liegen. Und immer, wenn ich merkte, dass die derzeitige Situation mich auch nicht glücklich machte, tat ich das Einzige, was ich kannte: Ich suchte mir etwas anderes und zog um. Anders ausgedrückt: Ich hatte keine Wurzeln, verhinderte aber zugleich durch mein Handeln, welche zu schlagen.

Und dennoch bin ich in dieser Zeit nicht gänzlich zerbrochen – ich hatte zwar eine frustbedingte Essstörung (die mich auf fast 80 kg „anschwellen" ließ), machte aber meinen Job gut, war bei meinen Kollegen beliebt und hatte Freunde. Im Nachhinein betrachtet hat mir wohl meine Resilienz geholfen, mich doch immer wieder aufzurichten und weiterzumachen. Weiterzusuchen.

Die richtige Person zur rechten Zeit

Wie so oft im Leben machte eine Person den Unterschied – genauer gesagt die richtige Person zur richtigen Zeit am richtigen Ort. In meinem Fall war das Marcus, mein heutiger Mann. Durch ihn schaffte ich es, dass Ruhe in mein rastloses Leben einkehren konnte.

Die erste Begegnung

Begegnet sind wir uns, wie so viele Menschen, bei der Arbeit – seiner Arbeit. Ich steckte in London mitten in einer unglücklichen Beziehung (nicht zum ersten Mal), und suchte einen Weg, um mich freizuschwimmen. Der einzige Weg, der mir einfiel, war ein eigenes Auto, eine Trennung von meiner Seite kam für mich nicht in Frage, aus Angst vor dem Alleinsein.

Dieses Auto kaufte ich über einen Bekannten meiner Eltern in Essen, der mir auch gleich einen guten Versicherungsvertreter empfahl, „der dich nicht über den Tisch zieht". Nachdem ich meinen alten roten Polo versichert hatte und das Büro verließ, war mein einziger Gedanke, „na, DAS ist ja mal ein toller Mann". Wie ich später erfuhr, ging ihm Ähnliches durch den Kopf. Aber ich lebte in London, und hatte einen Freund.

Der Unfall

Wenige Tage später überführte ich den roten Polo nach London. Wer die Strecke nach England schon einmal mit dem Auto gefahren ist, weiß, wie lang diese ist: Autobahn bis Calais, dann mit der Fähre übersetzen, dann von Dover noch einige Stunden bis nach London.

Ich war an diesem Sonntag früh losgefahren, war müde, und wollte nur noch nach Hause in das große, alte, notdürftig renovierte Haus im fragwürdigen Stadtteil Bermondsey, das ich mit sechs anderen teilte. Der Verkehr war dicht, die Autos bremsten wegen einer roten Ampel – und ich rauschte in den schwarzen BMW-Kombi vor mir, schob ihn auf ein weiteres Auto.

Mein gerade neu gekauftes Auto war nur noch ein Schrotthaufen. Nachdem Polizei und Krankenwagen da gewesen waren (zum Glück war niemand verletzt), nahm mich der Abschleppwagen mit und brachte mich nach Hause. Das Auto stellten wir in unserer Straße ab, es war noch nicht klar, was damit geschehen sollte.

Noch am selben Tag telefonierte ich mit dem Versicherungs-vertreter meines Vertrauens in Deutschland.

Der Diebstahl

Vier Tage später, am darauffolgenden Donnerstag, lief ich eilig die Straße entlang, um rechtzeitig meinen Bus zu erwischen. Ich hatte Dienst am Flughafen Heathrow, musste mit dem Bus zur U-Bahn, um dort nach einem weiteren Mal umzusteigen, anderthalb Stunden später anzukommen.

Ich wunderte mich über die Parklücke am Straßenrand. Jemand hatte mein Auto gestohlen – zwar nur noch ein Schrotthaufen, aber immerhin mein Schrotthaufen. Auch darüber musste ich natürlich die Versicherung informieren – der nette Vertreter aus Essen schüttelte nur den Kopf über mein Pech. Dabei war das noch nicht einmal das Ende.

Sitzengelassen

Eine knappe Woche später machte mein damaliger Freund mit mir Schluss. Ich war zwar über die kompletten fast elf Monate, die wir zusammenwaren, unglücklich gewesen, war aber dennoch am Boden zerstört. Wieder einmal war ich alleine.

Im Nachhinein war das Ganze ein Segen und wenn man so will, göttliche Fügung – vom Unfall über den Diebstahl bis hin zur Trennung. Aber in diesem Augenblick sah ich nur noch den Abgrund.

„Nur wenn wir das Siezen sein lassen"

Die Wochen vergingen. Ich fuhr wieder mit den öffentlichen Verkehrsmitteln zum Flughafen, jeden Samstag und jeden Sonntag, und war von Montag bis Freitag an der Uni. Gleichzeitig blieb ich im Kontakt mit dem netten Mann von der Versicherung, weil die Schadenabwicklung sich etwas länger hinzog.

Irgendwann schrieb er mir, sein bester Freund verkaufe sein Auto – ob ich noch eins brauchte. Das tat ich. Ich flog nach Deutschland und schaute mir den schwarzen Lancia Delta mit dem dicken Kratzer an der Seite an. Beim Unterschreiben des Kaufvertrags war der Versicherungsvertreter meines Vertrauens ebenfalls zugegen.

Diesmal war ich vorsichtiger bei der Überführung des Autos und hatte Glück – ich kam heil und unversehrt in London an. Noch auf der Fähre hatte ich ihm eine SMS geschrieben, ob ich ihn zum Dank auf ein Glas Wein einladen dürfe, wenn ich wieder in Essen sei. Ich durfte – „aber nur wenn wir das Siezen sein lassen".

Die folgenden zehn Tage bis zum angepeilten Glas Wein (was ein Abendessen wurde) verbrachten wir am Handy, im Internetchat und am Telefon. Die Spannung zwischen uns stieg, es war klar, was passieren würde, wenn wir uns wiedersahen.

Das ist jetzt achtzehn Jahre her. Wir sind immer noch zusammen, und immer noch glücklich.

Rückkehr in mein Heimatland - mit anderen Vorzeichen

Ein knappes Jahr später, nachdem ich mein Studium abgeschlossen hatte, zog ich zu ihm nach Essen, wo wir bis heute leben. Ich wechselte zur Lufthansa nach Düsseldorf, bekam zunächst eine Stelle am Ticketschalter. Kurz: ich begann Wurzeln zu schlagen – wenn auch zu Beginn noch nicht beruflich, aber privat.

So konnte ich langsam heilen und zu mir finden. Ich begann meine Ressourcen wieder aufzufüllen. Ich baute ein stabiles soziales Netz um mich herum auf. So schuf ich die Basis dafür, mich auch beruflich auszuprobieren.

Zunächst dachte ich nach wie vor, die Lufthansa sei auch in beruflicher Hinsicht mein Hafen, meine Lösung. Ich bekam schnell eine verantwortungsvolle Position in der Dienstplanung in Düsseldorf, hatte einen Chef, der mir viel zutraute und mich förderte. Ich nahm an einem Nachwuchsförderungsprogramm teil. Und bekam schließlich eine Position als operative Führungskraft und wurde damit eine der jüngsten Flightmanagerinnen Düsseldorfs. Aber so sehr mir auch all diese Stellen Spaß machten, hatte ich immer noch nicht das Gefühl, beruflich angekommen zu sein oder meine Stärken voll leben zu können. Ich hatte immer das Gefühl, das noch etwas fehlte.

Gleichzeitig war Lufthansa in dieser Zeit für mich immer noch die Verbindung zum Leben im Ausland, sozusagen die nächstbeste Alternative – wenn ich schon nicht in Kenia oder überhaupt im Ausland leben konnte, konnte ich wenigstens jederzeit hinfliegen.

Berufliches Glück und private Tragödien

Das berufliche Glück kam dann später. Durch Umstrukturierungen innerhalb des Lufthansa-Konzerns bekam ich die Gelegenheit, mich zu lösen und mein eigenes Ding zu machen. Ich begann zunächst mit einer Trainerausbildung, weitere Fort- und Weiterbildungen folgten.

Jetzt kann ich das ausleben, was ich am besten kann und was mir am meisten Spaß macht: auf der Bühne, im Seminarraum und in Einzelcoachings Menschen zu bewegen. Über die Jahre habe ich eine sehr gute Resilienz aufgebaut, die mir geholfen hat, meine Selbstständigkeit auf- und auszubauen, obwohl meine Kinder zu Beginn noch sehr klein waren (und mit 5 ½ und 8 Jahren eigentlich immer noch sind). Und obwohl mein Mann mittlerweile krankheitsbedingt aus dem Beruf ausgeschieden ist und ich das Familieneinkommen verdienen muss.

Von Hochzeiten, Krankheiten und Fehlgeburten

Im Jahr 2005 heirateten wir. Wir feierten ein wunderschönes Fest mit unseren Freunden und unseren Familien. Unsere Flitterwochen verbrachten wir auf Zanzibar an einem Traumstrand in einem Traumhotel. Wir waren unendlich glücklich.

Etwas über ein Jahr später verlor ich unser Baby. Ich war am Boden, konnte mir aber rational erklären, dass eine Fehlgeburt in der zwölften Woche nichts Ungewöhnliches ist.

Der Herzinfarkt, der meinen Mann ein halbes Jahr später mit nur neununddreißig Jahren ereilte, schon. Alle Ängste vor Verlust und Einsamkeit kamen wieder hoch. Und ich dachte wieder, ich müsste daran zerbrechen. Damals ahnte ich noch nicht, dass es erst der Anfang eines langen Krankheitsweges sein würde.

Unser Leben heute

Heute, mehr als elf Jahre später, ist der Mann meines Lebens, der Vater meiner Kinder, immer noch krank, so krank, dass eine Berufsunfähigkeit der einzige Ausweg ist.

Als selbstständiger Generalagent bei einer großen deutschen Versicherung war er über Jahrzehnte hinweg sehr gut und überaus erfolgreich, und er hat seine Arbeit geliebt. Dennoch hat sie ihn krankgemacht. Warum? Weil er nicht genug auf sich geachtet hat. Weil er seine Resilienz nicht geschützt hat. Und weil sich die Rahmenbedingungen seines Jobs so verändert haben, dass er seine persönlichen Werte verleugnen musste.

Ich lebe jetzt seit über einem Jahrzehnt mit einem kranken Mann. In dieser Zeit habe ich zwei hinreißende Söhne geboren, habe mich nach zwanzig Jahren von meinem Arbeitgeber getrennt, habe eine Selbstständigkeit aufgebaut und zum Erfolg geführt.

Auch ich bin in dieser Zeit von Krankheiten nicht verschont geblieben – in den letzten vier Jahren hatte ich sowohl eine Depression als auch einen Bandscheibenvorfall, der mich über anderthalb Jahre begleitet und sich schließlich so verschlimmert hat, dass ich beim Rückflug aus dem Urlaub in Kenia mit dem Rollstuhl über den Züricher Flughafen gefahren wurde, und schlussendlich nur durch eine Notoperation behoben werden konnte.

Heute bin ich sehr erfolgreich als Trainerin, Speakerin und Coach unterwegs. Ich schreibe Bücher, moderiere einen Podcast. Ich bin Ehefrau und Mutter, Tochter und Freundin. Ich bin glücklich mit meinem Leben, und nach wie vor glücklich mit meinem Mann.

Warum ich das so geschafft habe und immer noch schaffe?

Weil ich tolle Vorbilder hatte und immer noch habe.

Weil ich durch meinen Werdegang immer wieder gefordert war und gelernt habe, auf mich selbst zu vertrauen.

Weil ich in meinem Beruf völlig aufgehe und ich alle Energie, die ich reinstecke, tausendfach zurückbekomme.

Und weil ich gelernt habe, auf mich und auf meine Resilienz achtzugeben.

Warum ich dieses Buch geschrieben habe

Und das ist auch der Grund, warum ich dieses Buch schreibe: wenn Ihre Resilienz stark ist, können Sie alles schaffen, was Sie möchten. Sie kommen mit den Widrigkeiten klar, die das Leben für Sie bereithält. Wenn Sie aber zum Beispiel unglücklich in Ihrem Job sind, sich über- oder auch unterfordert fühlen oder schlichtweg fehl am Platze sind, nagt das an Ihrer Resilienz. Als Folge können Sie möglichen Schicksalsschlägen nicht mehr gut begegnen.

Ich habe selbst viele Schicksalsschläge erlebt, habe es aber immer geschafft, mich auf das Positive zu besinnen. Ich habe mich immer wieder aufgerappelt und weitergemacht. Viele nennen mich eine starke Frau. Das mag sein – ich sage, ich habe eine starke Resilienz. Und die kann man lernen, und, noch viel wichtiger: man kann lernen, sie zu schützen. Dabei unterstützt Sie dieses Buch.

2. Was ist Resilienz?

Resilienz ist ursprünglich ein Begriff aus der Werkstoffphysik, und bezeichnet die Fähigkeit von Gegenständen, nach Drucksituationen wieder ihre ursprüngliche Form zurückzuerlangen. Bildlich gesprochen: Stellen Sie sich einen Schwamm vor, den Sie mit der Hand versuchen zu zerdrücken. Egal wie fest Sie zudrücken können, egal wie trainiert Ihr Arm ist – der Schwamm wird immer in seine ursprüngliche Form zurückspringen. Der Begriff selbst kommt aus dem Lateinischen: resilire bedeutet „zurückspringen" oder auch „abprallen".

Das sagt Wikipedia

Laut Wikipedia ist „Resilienz (..) oder psychische Widerstandsfähigkeit (..) die Fähigkeit, Krisen zu bewältigen und sie durch Rückgriff auf persönliche und sozial vermittelte Ressourcen als Anlass für Entwicklungen zu nutzen."

Lassen Sie uns diese Definition einmal genau analysieren:

Resilienz wird gerne als mentale oder psychische Widerstandsfähigkeit bezeichnet, manche Autoren sprechen auch vom „seelischen Immunsystem". Es ist also die Fähigkeit, mit Widerständen so umzugehen, dass wir nicht daran zerbrechen, dass unsere Psyche gesund bleibt.

Vielleicht haben Sie auch schon selbst festgestellt, oder mal davon gehört, dass das Leben nicht immer einfach ist. Dinge gehen schief, uns Nahestehende werden krank oder sterben, Schicksalsschläge ereilen uns, wir verlieren unsere Arbeit, haben Unfälle, arbeiten in einem schwierigen Umfeld. Unsere Resilienz hilft uns, mit großen und kleinen Rückschlägen und Krisen klarzukommen und diese zu bewältigen. Sie hilft uns dabei, eben nicht daran zu zerbrechen, uns nicht in das nächste Loch zu verkriechen (oder wenn, dann nur kurz). Sie hilft uns, nach vorne zu schauen, die Dinge selbst in die Hand zu nehmen, und das Beste aus der Situation zu machen. Und sie hilft uns zu wachsen und zu lernen.

Ja, es passieren schlimme Sachen und es gibt schwere Schicksalsschläge. Der erste Herzinfarkt meines Mannes mit nur neununddreißig Jahren war ein solcher. Sein zweiter, neun Jahre später auch. Zwei weitere Diagnosen, die in den Jahren danach kamen, ebenso. Glauben Sie mir – wir hätten beide ganz wunderbar drauf verzichten können. Unsere Resilienz hilft uns, das Beste aus solchen Situationen zu machen und nach vorne zu schauen. Und irgendwann auch den Sinn dahinter zu verstehen, warum es passieren musste, und warum es vielleicht sogar gut war, dass es so passiert ist.

Im zweiten Teil der Definition spricht Wikipedia dann davon, wie diese Krisen bewältigt werden: Durch Rückgriff auf persönliche und sozial vermittelte Ressourcen. Das heißt: Unsere eigenen Ressourcen, das, was wir in uns tragen, helfen uns, Krisen zu bewältigen. Aus eigener Kraft. Und diese Kraft tragen wir einerseits in uns, sie ist Teil unserer Persönlichkeitsstruktur. Andererseits haben wir uns diese von außen angeeignet, sie wurde uns von unserem Umfeld vermittelt, z.B. von Vorbildern, die wir hatten. Oder die wir uns gesucht haben.

Und zu guter Letzt nennt Wikipedia einen, wie ich finde, ganz entscheidenden Punkt: „Als Anlass für Entwicklungen". Es gibt den schönen Spruch, „Was uns nicht umhaut, macht uns stärker". Und genau so ist es auch. Auch wenn das Leben noch so hart zu uns ist, und uns vermeintlich noch so ungerecht behandelt – aus allem können wir etwas lernen, alles dient unserer persönlichen

Weiterentwicklung. Wenn wir annehmen, was geschieht, und nicht mit dem Schicksal hadern, gehen wir gestärkt hervor.

Leben ist Veränderung

Leben ist ein steter Zyklus, eine Abfolge von Veränderungen. Menschen werden geboren, wachsen heran, gründen eine Familie und sterben wieder.

Die Saat keimt, wird zur Pflanze, bildet Samen aus und verwelkt wieder.

Die Sonne geht auf, wandert über den Himmel bis zu ihrem Zenit, um dann abends wieder unterzugehen.

Und alles wieder von vorne.

Was Ihnen wie eine profane Wahrheit vorkommt, wollen manche Menschen, bezogen auf sich selbst, nicht wahrhaben. Sie klammern sich an das Alte, weigern sich, Veränderungen zu akzeptieren, wollen, dass alles so bleibt wie es war. Das mag seine Gründe haben, ist aber nicht gesund (und nicht resilient).

Das Leben ist Veränderung, und wer keine Veränderungen mag, befindet sich auf dem falschen Planeten – denn dieser unser Planet dreht sich.

Resilienz ist die Kunst, Veränderungen anzunehmen und sie als Entwicklungsmöglichkeit zu nehmen. Als Chance, daraus zu lernen, als Mensch zu wachsen, neue Blickwinkel einzunehmen und weiser zu werden.

Die Herkunft der Resilienzforschung

Resilienz ist wie erwähnt ursprünglich ein Begriff aus der Physik. Wie hat er nun den Sprung in die Psychologie geschafft – und warum beschäftigt sich die Psychologie überhaupt mit Resilienz?

Der Ursprung der Resilienzforschung geht auf die Arbeit von Emily Werner zurück. Werner hat in einem Feldversuch vierzig Jahre lang eine Gruppe von Kindern, die aus ärmlichsten Verhältnissen kommen, begleitet und immer wieder interviewt. Diese Kinder wuchsen auf der hawaiianischen Insel Kauai unter prekärsten Bedingungen im Slum auf, und waren von frühester Kindheit an mit Drogen- und Alkoholmissbrauch, Prostitution und Gewalt konfrontiert.

1977 wurde die Studie veröffentlicht. Dabei stellte sich erwartungsgemäß heraus, dass der Großteil der Kinder in späteren Jahren diesem vorgezeichneten Pfad folgte und sich diesem Milieu nicht entziehen konnte. Unerwarteterweise entwickelten sich ungefähr ein Drittel der Kinder jedoch positiv, und lebte später in stabilen Partnerschaften, hatte gute Jobs und war glücklich. Diese Kinder sind resilient.

Was unterschied diese Kinder jedoch von den anderen, die es nicht geschafft hatten? Was taten sie anderes? Durch die Interviews zeichnete sich nach und nach ein Muster ab, und die Psychologen identifizierten bestimmte Fähigkeiten oder Eigenschaften, die diese Kinder auszeichneten, und die die anderen Kindern wiederum nicht oder weniger stark ausgeprägt hatten.
Später befassten sich die, an der University of Pennsylvania forschenden, US-amerikanischen Wissenschaftler Dr. Karen Reivich und Dr. Andrew Shatté intensiv mit dem Thema Resilienz. Sie fassten in ihrem Buch „The resilience factor" diese Fähigkeiten in sieben Faktoren zusammen: Empathie, Impulskontrolle, Emotionssteuerung, Selbstwirksamkeitsüberzeugung, Zielorientierung,

Optimismus und Kausalanalyse. Seitdem haben sich viele schlaue Köpfe mit Resilienz befasst, und haben, wie es immer so ist, die unterschiedlichsten Meinungen über die einzelnen Faktoren geäußert. In der Literatur findet man daher manchmal sieben, manchmal acht Faktoren, und manchmal werden diese auch unterschiedlich bezeichnet. Ich halte mich in meiner Arbeit aber an die sieben Faktoren, wie sie Dr. Reivich und Dr. Shatté definiert haben (und die Denis Mourlane in seinem Buch „Resilienz: die unentdeckte Fähigkeit der wirklich Erfolgreichen" als „die sieben echten Faktoren" bezeichnet). Wundern Sie sich also nicht, wenn Sie an anderer Stelle schon einmal etwas über Resilienz gelesen haben und andere Bezeichnungen vorgefunden haben.

Ich möchte mit diesem Buch die Diskussion auch nicht weiter befeuern, und ergreife nicht Partei mit dem einen oder dem anderen Lager. Dies ist keine wissenschaftliche Abhandlung, sondern ein Buch, das Ihnen praktisch weiterhelfen soll – nicht mehr, aber auch nicht weniger.

Das Netz der Resilienz

Auf die einzelnen Faktoren gehe ich im nächsten Kapitel ausführlicher ein, an dieser Stelle und zum besseren Verständnis möchte ich aber noch ein anderes Bild ins Spiel bringen: Stellen Sie sich Resilienz vor wie ein Spinnennetz. Dieses Netz fängt uns auf, wenn wir fallen. Es hilft uns, wieder auf die Beine zu kommen und weiterzumachen.

Das Spinnennetz besteht aus sieben Fäden (den sieben Resilienzfaktoren), und unsere Eltern haben uns geholfen, es zu weben. Je nachdem, wie unsere ureigenen Ressourcen waren, und je nachdem, wie gut unsere Eltern das konnten, ist das Netz stärker oder schwächer. Sind die einzelnen Fäden stärker oder schwächer.

Die Fäden hängen aber auch noch zusätzlich alle zusammen und stützen sich gegenseitig. Wenn ein Faden also etwas schwächer ist oder durch die äußeren Umstände dünner wird, ist das in der Regel nicht weiter schlimm, da er ja von den anderen Fäden gehalten wird. Wenn aber ein weiterer Faden dünner wird, oder gar reißt, und vielleicht noch ein dritter, wird es langsam kritisch. Denn dann sinkt unsere Resilienz, und wir schaffen es immer schlechter, mit Krisen und schwierigen Situationen umzugehen.

Das Netz ist dabei nie statisch – seine Spannkraft verändert sich im Laufe des Lebens. Nach schwierigen Phasen ist es vielleicht etwas schwächer, durch gute Phasen wird es wieder stärker. Gleichzeitig sind wir selbst die Spinnen und können die einzelnen Fäden stärker und stabiler machen. Wir haben es selbst in der Hand, wie tragfähig unser Netz ist.

Und nun ist es an der Zeit, die sieben Geheimnisse zu lüften und Ihnen von den sieben Faktoren der Resilienz zu berichten.

3. Die sieben Fäden der Resilienz

Ihr inneres Spinnennetz besteht aus sieben Fäden. Diese Fäden sind unterschiedlich stark, und bei jedem auch anders ausgeprägt. Sie hängen zusammen und stützen sich gegenseitig. Im Folgenden beschreibe ich die verschiedenen Fäden, die einzelnen Resilienzfaktoren. Vielleicht erkennen Sie sich in der einen oder anderen Beschreibung schon wieder, spüren Sie mal hin.

Impulskontrolle

Kennen Sie Menschen, die schnell aus der Haut fahren? Die bei Konflikten gerne auch mal laut werden? Die sich, wie man so schön sagt, schlecht zusammenreißen können? Diesen Menschen mangelt es an Impulskontrolle.

Rein körperlich betrachtet ist Stress ein biochemischer Vorgang. Jede Sekunde dringen ca. elf Millionen Sinnesreize auf uns ein. Unser Gehirn kann davon nur ungefähr vierzig bis sechzig verarbeiten. Und in unser Bewusstsein dringen wiederum nur 0,1 – 1 %. Nur, welche Sinnesreize nehmen wir bewusst wahr? Wonach entscheidet unser Gehirn, welche Eindrücke es in unser Bewusstsein durchlässt?

Unser Stammhirn ist evolutionär gesehen der älteste Teil unseres Gehirns. Über hunderttausende von Jahren ist das Lebensumfeld der Menschen weitgehend unverändert geblieben, und wir waren damit beschäftigt, unser Überleben zu sichern. Da Menschen aber gegenüber Tieren vergleichsweise schutzlos sind (wir haben keine nennenswerten Klauen, keine scharfen Zähne, keine gepanzerte Haut und können auch nicht sonderlich gut rennen), hatte unser Stammhirn die Aufgabe, Gefahren früh zu erkennen, damit wir uns rechtzeitig in Sicherheit bringen – oder kämpfen konnten.

Trotz Zivilisation und Industrialisierung steuert unser Stammhirn immer noch unsere Reflexe. Aus all den Eindrücken, denen wir ausgesetzt sind, werden also zunächst einmal die ans Bewusstsein geleitet (und das schnell), die eine potenzielle Gefahr darstellen könnten. Unser Gehirn reagiert dann auf diese potenzielle Gefahr blitzartig mit der Ausschüttung von Adrenalin und Noradrenalin, um unseren Körper bereit für die einzigen beiden Reaktionen zu machen, die uns evolutionstechnisch zur Verfügung standen: Kampf oder Flucht.

Wenn also jemand in einem Konflikt laut wird, ist das nichts anderes als die Reaktion des Körpers auf eine, als Angriff empfundene Situation – nämlich der Gegenangriff, also Kampf.

Unter Impulskontrolle verstehen wir die Fähigkeit, diesem ersten Impuls, nämlich zu kämpfen oder zu fliehen, nicht nachzugeben, sondern diesen zu kontrollieren. Diesen zu kontrollieren, damit wir uns bewusst für eine Handlung entscheiden können.

Diese Handlung kann dann durchaus sein, dass wir bewusst und absichtlich die Stimme erheben und laut werden. Aber dann sind wir uns über die Intention und die möglichen Folgen im Klaren und haben uns bewusst dafür entschieden – und eben nicht die Kontrolle verloren.

Impulskontrolle hat jedoch noch einen anderen Aspekt. Vielleicht kennen Sie das von sich: Sie sind voll konzentriert auf eine Sache, die auch wirklich wichtig ist – da kommt ein Anruf, eine WhatsApp oder eine Kollegin, und Sie sind raus, lassen sich ablenken, machen was anderes? Oder Sie haben ein neues Projekt begonnen, waren am Anfang ganz euphorisch, befinden sich aber gerade in einer Phase, die viel Arbeit und wenig Spaß bedeutet – da kommt eine neue Idee, und ein neues Projekt ist geboren. Und das alte wird ad acta gelegt.

Solche Situationen sind ein weiterer Aspekt von Impulskontrolle (und ein Zeichen für Mangel an derselben): die Fähigkeit, konzentriert, fokussiert und diszipliniert an einer Sache dranzubleiben. Auch wenn es mal schwierig wird.

Hierfür trägt wieder unser Stammhirn „Schuld": Im vorherigen Abschnitt habe ich ja erläutert, dass vorrangig Dinge, die uns gefährlich werden könnten, in unser Bewusstsein dringen. Andererseits genießen auch Dinge, die neu sind, diesen Status – eben, weil sie potenziell gefährlich sein könnten. Darunter fällt eine neue Gelegenheit, eine neue Idee.

Die dritte Kategorie, die ins Bewusstsein vorgelassen wird, sind dann die Dinge, die uns emotional berühren. Jeder von uns hat wohl mal die Situation erlebt, sich ein neues Auto gekauft zu haben, nur um festzustellen, dass „plötzlich" alle damit herumfahren. Oder als wir oder unsere Partnerin schwanger war, und plötzlich die Hälfte der Bevölkerung auch Nachwuchs zu erwarten schien? Die neue Idee, das neue Projekt, das wir so spannend finden, ist genau das: Emotional besetzt und wird dadurch erst von uns „gesehen".

Wofür ist Impulskontrolle gut?

Eine gute Impulskontrolle ermöglicht Ihnen einerseits, in schwierigen Verhandlungssituationen die Ruhe zu bewahren und sich von anstrengenden Kunden, Mitarbeitern und Vorgesetzten nicht aus der Reserve locken zu lassen. Ihre Impulskontrolle hilft Ihnen, andere zu überzeugen. Sie hilft Ihnen, ein besserer Verkäufer zu sein.

Sie arbeiten nicht im Verkauf und Vertrieb ist Ihnen ein Gräuel? Denken Sie noch mal nach. Denn egal, was Ihr eigentlicher Beruf ist – unser ganzes Leben besteht aus Verkaufen. Sie möchten Ihre Frau davon überzeugen, in einem bestimmten Restaurant essen zu gehen?

Das ist verkaufen. Sie möchten den Personaler und die Fachabteilung im Vorstellungsgespräch davon überzeugen, dass Sie die geeignete Kandidatin für diese Position sind? Auch hier müssen Sie sich verkaufen.

Für viele Menschen hat das Wort „Verkaufen" nach wie vor ein „Geschmäckle". Es riecht so nach piefigem Handelsreisenden und mutet an, dass Sie anderen irgendetwas aufschwatzen, was diese gar nicht möchten. Schlussendlich geht es aber darum zu überzeugen – und dabei helfen uns unsere argumentativen Fähigkeiten und unsere Schlagfertigkeit.

All dies kommt aber viel besser und überzeugender an, wenn wir unsere Worte gezielt und bewusst einsetzen, und nicht impulsiv und emotional reagieren, wenn es mal nicht so läuft, wie wir uns das vorstellen. Dabei hilft uns unsere Impulskontrolle.

Gleichzeitig zeichnet alle erfolgreichen Leute Fokus, Disziplin und Durchhaltevermögen aus – der zweite Aspekt der Impulskontrolle.

Wenn Sie wirklich etwas erreichen möchten in Ihrem Leben, und vielleicht sogar sehr hohe Ziele haben, wird nicht immer alles gut laufen. Es wird Rückschläge geben und Enttäuschungen. Es wird auch weitere spannende Gelegenheiten geben, mit ziemlicher Sicherheit auch Versuchungen der ein oder anderen Art. Da heißt es dranbleiben, Biss zeigen, und fokussiert und diszipliniert handeln.

Was passiert, wenn Sie eine schlechte Impulskontrolle haben?

Ja, es gibt Choleriker, die ganz oben sind. Es ist also nicht immer so, dass Sie keine Chance haben, aufzusteigen, wenn Sie hin und wieder einmal ausrasten. Ich wage aber zu behaupten, dass diese Choleriker nicht in allen Situationen – und vor allem nicht mit allen Personen dieses Auftreten an den Tag legen. Wenn es Ihnen also schwerfällt, im richtigen Augenblick ruhig zu bleiben, trösten Sie sich nicht mit anderen Menschen, die „auch so sind", und es trotzdem geschafft haben.

Es mag Ausnahmen von der Regel geben, aber wenn Sie wirklich erfolgreich sein möchten, können Sie es sich nicht leisten, regelmäßig herumzubrüllen. Wer mag denn schon mit jemandem arbeiten, der sich nicht im Griff hat? Möchte man solche Menschen wirklich zu wichtigen Kunden schicken? Hmm – ich denke nicht. Es lohnt sich also, daran zu arbeiten.

Oder ist Ihre Ausprägung der mangelnden Impulskontrolle derart gelagert, dass Sie von einem Projekt zum nächsten springen? Sie mögen sich vielleicht für flexibel halten – in Wahrheit sind Sie unstet. Auch ein zu
 häufiger Jobwechsel kann dahingehend interpretiert werden, dass Sie die Flinte ins Korn werfen, wenn es schwierig wird. Manchmal müssen wir die Zähne zusammenbeißen und einfach mal durchhalten – auch wenn es gerade keinen Spaß macht und keine Lorbeeren zu gewinnen sind.

Genauso macht es einen Eindruck auf Ihren Gesprächspartner, wenn Sie nur halb bei der Sache zu sein scheinen, und ständig einen kurzen Blick auf Ihr Smartphone richten oder „mal eben schnell" während des Gesprächs eine E-Mail lesen. Dieses gilt übrigens für ein geschäftliches Meeting genauso wie für ein privates Date – wenn Sie Ihrem Gegenüber nicht die volle Aufmerksamkeit schenken, fühlt sich dieser (oder diese) nicht wertgeschätzt. Und das kann negative Auswirkungen haben: Möchten Sie mit jemandem arbeiten, der Ihnen nur halb zuzuhören scheint? Der nicht genug Respekt für Sie aufbringen kann, um für die kurze Zeit des Treffens Ihr Gespräch in den Mittelpunkt zu stellen? Hmm – ich nicht.

Egal wie wichtig Sie sind, egal wie unentbehrlich Ihre Erreichbarkeit auch sein mag (oder zu sein scheint) – bringen Sie Ihren Mitarbeitern, Ihren Kunden, Ihrem Chef... , kurz: Ihrem Umfeld bei, dass Sie nicht jederzeit erreichbar sind und auch nicht immer innerhalb von zwei Minuten antworten. Selbstverständlich kann es auch einmal Notfälle geben – aber seien Sie mal ehrlich: wie oft kommen denn wirkliche Notfälle in Ihrem Leben vor?

Auch wenn es schwerfällt, dieser ständigen Erreichbarkeit zumindest phasenweise den Rücken zu kehren: Sie werden dadurch zu einem besseren, weil integren Ansprechpartner, bei dem sich jeder darauf verlassen kann, dass Sie da sind, wenn Sie da sind – und nicht gedanklich schon beim nächsten Meeting. Und Sie schützen Ihre Resilienz. Was wichtig ist, wenn Sie Ihre Karriere nicht nur als Sprint, sondern als Dauerlauf betreiben möchten.

Emotionssteuerung

Impulskontrolle bezeichnet ja die Fähigkeit, die eigenen Impulse zu kontrollieren, und beispielsweise nicht loszubrüllen, wenn uns etwas nicht passt. Gleichzeitig ist es aber so, dass unser Gehirn die Stresshormone bereits ausgeschüttet hat, die unser Körper in dieser, für uns potenziell gefährlichen Situation braucht, um zu kämpfen oder zu fliehen. Wenn nun beides keine Option ist, können wir uns vielleicht glänzend zusammennehmen – aber der Stress, der Frust, die Wut, die Angst, kurz: die negativen Emotionen bleiben uns dennoch erhalten.

Emotionssteuerung bedeutet, dass wir bewusst und absichtlich unsere Emotionen ins Positive drehen können. Emotionssteuerung bedeutet auch, dass wir uns nicht von äußeren Faktoren abhängig machen, und beispielsweise bei Regen nicht direkt schlechte Laune bekommen.

Jede Sekunde, jede Minute, jede Stunde des Tages haben wir selbst die Wahl, für welche Emotionen wir uns entscheiden. Selbstverständlich gibt es Dinge, die uns sehr unglücklich machen – bei der Emotionssteuerung geht es nicht darum, dass alles immer rosarot ist. Emotionssteuerung bedeutet vielmehr, unsere Emotionen bewusst wahrnehmen und benennen zu können, und dann einen Weg zu finden, durch diese durchzugehen und hinter uns zu lassen.

Wenn beispielsweise ein naher Angehöriger verstorben ist, den wir sehr geliebt haben, werden wir traurig sein. Und das ist auch gut so. Diese Trauer wahrzunehmen und zulassen zu können, und sie nach und nach zu verarbeiten, bis wir voller Liebe und Dankbarkeit an den Verstorbenen denken können – das ist Emotionssteuerung.

Manchmal sind es aber gar nicht so heftige, tiefgehende Gefühle wie in dem oben beschriebenen Fall. Manchmal sind wir morgens einfach mit dem falschen Fuß aufgestanden und sind knatschig. Dann reicht es häufig, sich für ein besseres Gefühl zu entscheiden, um die Emotionen umzulenken.

Oder wir haben einen heftigen Streit mit unserem Partner gehabt, und sind sehr verletzt und wütend. Da wir aber merken, dass ein Weiterführen der Diskussion zu diesem Zeitpunkt nicht zielführend wäre, gehen wir vor die Tür, und laufen so lange um den Block, bis wir uns beruhigt haben. Auch das ist Emotionssteuerung.

Merken Sie, was all diesen Beispielen gemein ist? In allen Fällen hat eine bewusste Entscheidung dazu geführt, dass wieder positive Gefühle wahrgenommen werden konnten. Deswegen heißt es ja auch Emotions-Steuerung – und nicht Emotions-Zufall.

Wofür ist Emotionssteuerung gut?

Im Geschäftsleben wird es immer mal wieder Auseinander-setzungen geben. Sie diskutieren mit einem Kunden über eine zu späte Lieferung. Ein Dienstleister liefert Ihnen beschädigte Ware, und versucht sich aus der Verantwortung zu stehlen. Ihre Führungskraft hat Druck von der Geschäftsleitung bekommen und gibt diesen Druck an Sie weiter. Egal, wie gut Ihre Impulskontrolle ist – manche dieser Situationen werden Sie verstören, emotional aufwühlen oder verzweifeln lassen. Wichtig ist dann, dass Sie schnell wieder handlungsfähig werden, und Lösungen suchen.

Wenn Sie Ihre Emotionen gut steuern können, und das auch unter schwierigsten Bedingungen, können Sie deutlich flexibler und schneller reagieren, weil Ihr Gehirn nicht von unerwünschten und wenig zielführenden Gefühlen vernebelt ist. Sie schaffen es dann auch besser, ein gutes Arbeitsverhältnis mit der Person zu erhalten, mit der Sie eine Auseinandersetzung hatten – weil Sie die Diskussion nicht persönlich nehmen und schneller verzeihen können.

Was passiert, wenn Sie eine schlechte Emotionssteuerung haben?

Wenn Sie ein Mann sind, dann werden Sie diesen Resilienzfaktor vielleicht belächeln. Emotionen – pfff, das ist was für Frauen.

Viele Männer haben es nicht wirklich gelernt, ihre Emotionen zu erkennen und zu benennen. Gesellschaftlich und in vielen Familien gibt es immer noch das Bild vom tapferen Jungen, der nicht weint (weil er eine gute Impulskontrolle hat). Dadurch lernen viele Männer schon früh, ihre Gefühle zu unterdrücken. Irgendwann werden sie nicht nur versteckt, sondern werden gar nicht mehr wahrgenommen – es sei denn, sie sind sehr heftig. Das ist sehr gefährlich.

Unsere Gesellschaft legt großen Wert auf eine gute Impulskontrolle (übrigens bei Männern und bei Frauen). Wenn ein Mann sich nicht im Griff hat, wird die Stirn gerunzelt und er bekommt den Stempel „cholerisch". Wenn einer Frau dasselbe häufiger passiert, wird sie schnell hysterisch genannt – oder ordinär. Beides will niemand.

Deshalb haben wir gelernt, unsere Gefühle zu verstecken, und unsere Reaktionen gesellschaftskonform ausfallen zu lassen. Die zugrunde liegenden Gefühle sind jedoch immer noch da – und können nirgendwo hin. Wenn wir dann keinen guten Weg gefunden haben, diese negativen oder schwierigen Gefühle zu einem späteren Zeitpunkt abzuleiten, verhalten diese sich wie ein verschlossener Kessel: irgendwann ist so viel Druck drauf, dass der Deckel hochgeschleudert wird. Das kann sich entweder äußerlich durch beispielsweise einen Nervenzusammenbruch oder einen heftigen Wutanfall äußern. Oder es kann innerlich passieren – Herzinfarkt, Hörsturz, Schlaganfall wären die Extrembeispiele dafür.

Sie tun gut daran, einen gesunden Umgang mit Ihren Gefühlen zu lernen. Manchmal kann es sogar helfen, die eigene Impulskontrolle außer Acht zu lassen und einfach mal loszuschreien – das kann auch ein Ventil sein und der Emotionssteuerung dienen. Auf das rechte Maß kommt es an.

Empathie

Ich denke, dass wir alle eine Vorstellung von Empathie haben: es geht um den Umgang mit Menschen, um die Fähigkeit, sich in andere hineinzuversetzen.

Frauen wird in der Regel ein höheres Empathievermögen unterstellt als Männern. Ob das wirklich so ist – keine Ahnung. Manchmal zeigt sich die Realität einfach auch so, wie wir sie erwarten, und bestätigt damit unsere Glaubenssätze. Aber das ist an dieser Stelle egal.

Empathie ist also die Fähigkeit, sich in andere hineinzufühlen, zu spüren, was diese spüren, und andere gut einschätzen zu können. Damit ist Empathie die Basis für einen guten Umgang miteinander, und hilft uns, soziale Bindungen aufzubauen. Menschen, die empathisch auf andere reagieren, die sich auf diese einstellen können und auch mal ein offenes Ohr haben, haben häufig ein stabileres soziales Umfeld als solche, die sich wie die Axt im Walde verhalten und nur an sich denken.

Mit Empathie geht auch der Wunsch einher, andere Menschen und ihre Beweggründe zu verstehen. Es setzt eine Offenheit und Unvoreingenommenheit gegenüber anderen voraus, die uns dabei hilft, unser Gegenüber so zu akzeptieren, wie er oder sie ist. Damit ist Empathie auch die Basis für Toleranz und interkulturelle Kompetenz.

Gleichzeitig ist mit Empathie im resilienten Sinne aber auch gemeint, dass wir empathisch mit uns selbst umgehen. Das kann unterschiedliche Formen annehmen: es kann bedeuten, dass wir uns Fehler und Unvollkommenheiten verzeihen, und uns nicht kasteien, wenn uns etwas danebengegangen ist.

Es kann aber auch bedeuten, dass wir bewusst Grenzen setzen, und auch mal eine Anfrage ablehnen, um unsere eigenen Ressourcen zu schonen und unsere eigene Zeit wertschätzen (nach dem Motto, „ein Nein zu anderen ist ein Ja zu mir selbst").

Und es kann bedeuten, dass wir gut zu uns sind, uns gesund ernähren, gezielten Ausgleich finden und uns Pausen gönnen – einfach nur, weil wir es uns wert sind. Mit anderen Worten: Selbstliebe praktizieren.

Wofür ist Empathie gut?

Im Karrierekontext hat ein gutes Empathievermögen verschiedene Vorteile:

Zum einen hilft es, uns ein gutes Netzwerk aufzubauen, Mentoren zu finden und Unterstützer für unsere Sache zu gewinnen. Wir Menschen sind eher geneigt, anderen Menschen zu helfen, wenn wir eine Verbindung oder Gemeinsamkeit mit diesen spüren, und wenn wir uns von diesen respektiert oder sogar gemocht fühlen. Das ist wiederum nur der Fall, wenn wir merken, dass diese Person auf uns eingeht – also, wenn diese sich empathisch verhält.

Wenn Sie also anfangen, sich für andere Menschen zu interessieren, und diese uneigennützig und aus voller Überzeugung zu unterstützen (also ein „Geber" werden), ist die Wahrscheinlichkeit extrem groß, dass diese Menschen Sie im Gegenzug auch im rechten Moment unterstützen werden. Wichtig dabei ist aber, dass Sie ohne Erwartung sind, aus freien Stücken und ohne Hintergedanken geben – Menschen merken, wenn Dinge aus Kalkül geschehen. Interessant dazu ist das Buch *„Geben und Nehmen: Warum Egoisten nicht immer gewinnen und hilfsbereite Menschen weiterkommen"* von Adam Grant.

Adam Grant hat untersucht, welcher Typ Mensch den meisten Erfolg im Berufsleben hat: der „Giver", der „Taker", oder der „Matcher".

Der „Giver", also der Geber, unterstützt andere, wo er kann – finanziell, emotional, zeitlich, durch Empfehlungen. Er tut dies, ohne nach einer Gegenleistung zu fragen oder eine Bezahlung zu erwarten.

Das Gegenteil davon ist der Nehmer, der „Taker". Er nimmt von anderen, ohne etwas zurückzugeben, und erwartet, dass andere für ihn da sind und ihn unterstützen.

Der „Matcher" hingegen ist der Tauscher unter den Menschen – er gibt gerne, erwartet aber etwas im Gegenzug und handelt dies entweder direkt aus oder fordert eine Gegenleistung zeitnah ein. Er handelt nach dem Motto „quid pro quo" – dies für das.

Was denken Sie, welcher Typ Mensch im Berufsleben am erfolgreichsten ist? Der Nehmer, der auf seinen Vorteil bedacht ist? Oder der Matcher, der sich immer um Ausgleich bemüht? Weit gefehlt – der Geber.

Wir Menschen merken, wenn jemand großzügig ist, und keine Gegenleistung von uns erwartet. Und wir merken es uns. Menschen, die als großzügig wahrgenommen werden, sind beliebt, und können darauf zählen, dass ihnen zur rechten Zeit auch jemand hilft. Manchmal nicht derjenige, dem sie vor kurzem erst einen Gefallen getan haben – aber es kommt immer zu ihnen zurück, was sie Gutes getan haben, und das vielleicht aus unverhoffter Richtung.

Welcher Typ Mensch ist aber am wenigsten erfolgreich im Job?

Ebenfalls der Geber. Paradox? Wenn man genau hinschaut, nicht wirklich:

Menschen, die freiwillig und ohne Hintergedanken geben, weil sie es möchten, weil ihnen selbst Freude bereitet, und die daran glauben, dass es gut ist, andere zu unterstützen, sind im Berufsleben erfolgreich. Sie erwarten nichts als Gegenleistung – ihre Belohnung ist die Dankbarkeit oder der Erfolg des anderen. Sie merken außerdem auch schnell, wer ein „Nehmer" ist, und sagen dann auch schon mal nein. Kurz: sie entscheiden selber darüber, wann sie geben, und tun es dann aus voller Überzeugung.

Dann gibt es wiederum Menschen, die geben, weil sie sich dadurch Zuneigung und Anerkennung erhoffen – weil sie von anderen gemocht werden wollen und es anderen recht machen möchten. Dieser Typ Mensch fühlt sich schnell ausgenutzt, weil er nicht gelernt hat, „nein" zu sagen. Dadurch wird er oder sie entweder in Arbeit versinken und nichts mehr auf die Reihe bekommen oder irgendwann zynisch oder verbittert sein – oder beides.

Wenn Sie sich also entscheiden, in Zukunft ein Geber sein zu wollen, wählen Sie aus, wann und zu welchen Bedingungen Sie das sein möchten – und dann geben Sie aus vollem Herzen, und vertrauen darauf, dass es irgendwann zu Ihnen zurückkommt. Und das wird es, versprochen! Wichtig ist, dass Sie dabei empathisch sind, und zwar auch mit sich selbst: Fühlt es sich gut an, jetzt in diesem Augenblick zu geben? Oder fühlen Sie sich ausgenutzt?

Was passiert, wenn Sie ein schlechtes Empathievermögen haben?

Wenn Ihre Empathie wirklich schlecht ausgeprägt ist, sollten Sie daran arbeiten, diese zu stärken.

Menschen mit schlechtem Empathievermögen wundern sich manchmal, warum sie ihre Wünsche und Ziele nicht durchgesetzt bekommen: Weil sie andere Menschen nicht überzeugen und auf ihre Seite ziehen können.

Um andere Menschen zu überzeugen, müssen Sie verstehen, was deren größtes Problem ist, um dann Ihre Idee als gute Lösung zu präsentieren. Das können Sie allerdings nur, wenn Sie sich in deren Lage hineinversetzen können. Das gilt im Vertrieb ebenso wie in allen anderen Bereichen: Höchstwahrscheinlich haben Sie im Job an der einen oder anderen Stelle mit Menschen zu tun. Und Sie werden nicht immer einer Meinung sein. Wenn Sie nicht zumindest eine rudimentäre Menschenkenntnis haben, werden Sie andere schlecht von Ihrer Meinung überzeugen können.

Wenn Sie sich selbst gegenüber keine Empathie aufbringen können, kann Ihnen das ebenso schaden. Menschen, die sich nicht selbst lieben und respektieren, werden oft von anderen auch nicht wirklich respektiert, und es wird leichter auf ihnen herumgetrampelt. Selbstliebe und Selbstachtung sind elementare Grundbausteine für ein erfülltes, erfolgreiches Leben, denn ohne diese werden wir uns schneller untreu und tun Dinge oder gehen Jobs nach, die uns nicht gut tun oder sogar schaden – und das macht uns auf Dauer krank und/oder unglücklich.

Zielorientierung

Zielorientierung ist die Fähigkeit, sich Ziele zu setzen, und diese auch zu verfolgen (hier hilft der Faktor Impulskontrolle beim Dranbleiben). Wichtig hierbei ist, dass es sich um eigene Ziele handelt, die zu Ihnen und Ihrer Lebenssituation passen – also auch unterscheiden zu können, ob ein Ziel wirklich Ihr eigenes ist, oder ob Ihr Umfeld das einfach von Ihnen erwartet („Du hast doch studiert...!“).

Manchmal ändern sich die Umstände oder Rahmenbedingungen, und damit wird ein Ziel plötzlich nicht mehr so relevant oder attraktiv. Zielorientierung im resilienten Sinne bezeichnet daher auch die Fähigkeit, ein Ziel abzulegen und sich ein neues zu suchen, wenn es nicht mehr zu Ihnen passt (allerdings geht es nicht darum, sein Ziel ständig zu ändern, wenn ein anderes Ziel plötzlich attraktiver erscheint – das würde wiederum von schlechter Impulskontrolle, also Sprunghaftigkeit, zeugen. Seien Sie da durchaus kritisch mit sich, und hinterfragen Sie Ihre eigene Motivation, das Ziel zu ändern. Ihre Kausalanalyse (s. weiter unten) wird Ihnen dabei helfen!)

Wofür ist Zielorientierung gut?

Wenn Sie genau wissen, wo Sie hinmöchten, können Sie an Weggabelungen schneller entscheiden, welcher Weg am ehesten zum Ziel führt. Sie können schneller reagieren, und hadern nicht zu lange mit der Entscheidung.

Gleichzeitig erkennen Sie Gelegenheiten, die zu Ihrem Ziel passen, schneller – und können sie ergreifen. Dadurch steigt die Wahrscheinlichkeit, dass Sie Ihr Ziel auch erreichen (hier kommt wieder der Effekt zum Tragen, den ich schon bei der Impulskontrolle beschrieben habe: Dass Ihr Gehirn das wahrnimmt, worauf Sie sich fokussieren).

Angenommen, Ihr Ziel ist, eine Teamleitung zu übernehmen. An der Kaffeemaschine hören Sie zufällig ein Gespräch zwischen zwei Teamleitern, bei dem der eine dem anderen von seiner Versetzung in die Niederlassung im Nachbarland berichtet. Der andere fragt, was denn mit seiner derzeitigen Stelle geschehen würde, und erhält die Antwort, dass derzeit ein Nachfolger gesucht wird. Da Sie ja Ihr Ziel vor Augen haben, selbst eine Teamleitung zu übernehmen, werden Sie direkt hellhörig – und können sich beim Abteilungsleiter in Position bringen, bevor andere es tun oder die Stelle offiziell ausgeschrieben ist. Und da Sie ja das Ziel hatten, haben Sie sich auch auf eine Situation vorbereitet, haben vielleicht Rhetorikkurse belegt oder sich andere Fähigkeiten angeeignet, die eine Führungskraft benötigt.

Glück ist, wenn Vorbereitung auf Gelegenheit trifft – und vorbereiten können Sie sich nur, wenn das Ziel bekannt ist. Woher wollen Sie sonst wissen, welche Vorbereitung die Richtige ist?

Was passiert, wenn Sie eine schlechte Zielorientierung haben?

Wenn Sie keine klaren Ziele haben, werden Sie auch irgendwo ankommen – aber eben nur irgendwo. Sie werden sich schnell beeinflussen lassen von dem, was andere Menschen von Ihnen erwarten, und werden im Extremfall das Leben eines anderen leben. Ein selbstbestimmtes, eigenverantwortliches Leben sieht anders aus. Wollen Sie wirklich am Ende Ihres Lebens zurückschauen und feststellen, dass Sie nie das gemacht haben, was SIE wollten, sondern immer nur für andere gelebt haben? Wollen Sie das wirklich? Ich denke nicht.

Es nimmt seine Zeit in Anspruch, sich über seine Ziele klar zu werden. Aber die Zeit sollten Sie sich wirklich nehmen, denn es ist IHR Leben. Nur Sie alleine bestimmen darüber – Sie müssen ja auch schließlich mit den Konsequenzen leben. Aber es ist schon komisch – die meisten Menschen verbringen Monate damit, einen 2-wöchigen Urlaub zu planen. Aber nehmen sich nicht einmal ein paar Wochen Zeit, sich darüber klarzuwerden, wie sie leben möchten.

Selbstwirksamkeitsüberzeugung

Als Selbstwirksamkeitsüberzeugung bezeichnen wir das Vertrauen in unsere eigenen Fähigkeiten – die Überzeugung, dass wir selbst etwas bewirken können, und Einfluss nehmen können auf das, was mit uns geschieht. Ein gesundes Selbstbewusstsein geht damit einher. Selbstwirksame Menschen glauben an sich und ihre Fähigkeiten.

In meinen zahllosen Karriere- und Bewerbungscoachings und -beratungen habe ich jedoch festgestellt, dass es vielen Menschen schwerfällt, ihre eigenen Fähigkeiten und Stärken gut einzuschätzen. Das hat, denke ich, verschiedene Ursachen.

Prinzipiell sind wir eine Gesellschaft, die einen besonderen Fokus auf das richtet, was nicht gut läuft, und verbessert werden könnte. Das fängt schon in der Schule an: Unter dem Diktat steht dann beispielsweise, „9 Fehler". Oder stand bei Ihnen, „91 Richtige"? Bei mir nicht. Und so zieht es sich durch unser Leben durch: Kritik und Verbesserungsvorschläge werden schnell geäußert, Lob eher weniger – frei nach dem Motto, „Nicht geschimpft ist gelobt genug".

Aber was macht das mit Ihrem Selbstbewusstsein, wenn Sie nur auf Ihre Fehler und Versäumnisse hingewiesen werden? Klar, Sie werden zur Selbstoptimierung animiert (grundsätzlich vielleicht auch nichts Schlimmes – sich weiterzuentwickeln finde ich immer gut). Aber so wirklich richtig fühlen Sie sich nie, oder?

Gleichzeitig wurden auch Sie höchstwahrscheinlich zur Bescheidenheit erzogen, haben vielleicht sogar Sätze gehört wie, „gib nicht so an!", wenn Sie etwas Positives über sich selbst gesagt haben. Kommt Ihnen das bekannt vor?

Zum Dritten kommt im Fall unserer Stärken ein weiteres Phänomen zum Tragen: Dinge, die Sie gut können, fallen Ihnen höchstwahrscheinlich leicht. Und das, was Ihnen leichtfällt, nehmen Sie meist nicht als besonders wahr, sondern sehen es als selbstverständlich an. Aber häufig sind genau hier Ihre Stärken verborgen – denn anderen fällt es mit großer Wahrscheinlichkeit nicht so leicht wie Ihnen!

Woher sollen Sie dann also wissen, was Sie wirklich gut können? Wenn Sie nie gelobt werden und Ihre Stärken meist nicht als solche wahrnehmen?

Was häufig auch noch dazukommt, sind unsere Glaubenssätze. Glaubenssätze sind tief in unserem Unterbewusstsein verankert und bestimmen unsere Sicht auf die Welt und unsere Bewertung der Realität.

Glaubenssätze sind eine Reflexion dessen, wie wir aufgewachsen sind, was wir aus unserem Umfeld gehört und erfahren haben, und manchmal auch dessen, was wir auch selbst erlebt haben. Damit müssen sie nicht immer wahr sein – tatsächlich sind sie das oft nicht.

Glaubenssätze können unsere Realität verzerren, und uns am Fortkommen hindern, wenn wir uns ihrer nicht bewusst sind.
In seinem Buch *„Mit dem Elefant durch die Wand"* beschreibt Alexander Hartmann, wie Glaubenssätze unsere Realität bestimmen mit dem Modell des „Reality Loops". Nehmen wir einmal an, Sie

hätten den Glaubenssatz, dass Sie nicht vor Menschen sprechen können. Diesen Glaubenssatz tragen Sie in sich, seit Ihnen Ihr Lehrer nach einem Referat in der 7. Klasse mal gesagt hat, dass Sie viel zu leise gesprochen haben und der Vortrag sehr unstrukturiert war. Das hat Sie damals sehr getroffen, und Sie haben daraus geschlossen, dass dieses Vortragsdings nichts für Sie ist.

Als Ihr Chef Sie dann eines Tages, Jahre später, bittet, die Präsentation des neuen Produktes zu übernehmen, denken Sie aufgrund Ihres Glaubenssatzes direkt, „das kann ich nicht!". Ihr Glaubenssatz beeinflusst also direkt Ihre Gedanken.

Nun lässt Ihr Chef Ihnen aber nicht die Wahl, da Sie fachlich am tiefsten im Thema sind, und er Ihnen außerdem die Bühne geben möchte, damit Sie beruflich den nächsten Schritt gehen können. Mit dem Gedanken, dass das eh nichts wird, weil Sie ja nicht vor Leuten sprechen können, bereiten Sie sich auf die Präsentation vor, werden aber immer nervöser, je näher der Tag rückt. Als es endlich so weit ist, stehen Sie nach einer schlaflosen Nacht vor den anwesenden Abteilungsleitern im Sitzungssaal und zittern vor Angst. Ihnen stehen Schweißperlen auf der Stirn, Ihre Hände zittern, vielleicht fällt Ihnen sogar etwas zu Boden vor Nervosität, sodass es auch der Letzte mitbekommt. Was ist passiert? Ihr Körper folgt Ihren Gedanken – Sie denken, Sie können es nicht, also werden Sie zusehends nervöser.

Als Sie zu sprechen beginnen, schnürt sich Ihnen die Kehle zu, und es kommt kein Ton raus. Ihr Körper gehorcht Ihren Gedanken und Sie machen die Erfahrung, dass Sie tatsächlich nicht vor Menschen sprechen können. Und diese Erfahrung manifestiert wiederum Ihren Glaubenssatz.

Wofür ist Selbstwirksamkeitsüberzeugung gut?

Eine gute Selbstwirksamkeitsüberzeugung ist essenziell wichtig für Ihren beruflichen Erfolg.

Einerseits sollten Sie genau wissen, wo Ihre Stärken liegen, um einschätzen zu können, was Sie sich zutrauen können – und ob Ziele auch realistisch zu erreichen sind.

Wenn Sie eine gute Selbstwirksamkeitsüberzeugung haben, fällt es Ihnen auch leichter, zu Ihren Schwächen zu stehen. Niemand ist perfekt – wenn Sie ein gesundes Selbstbewusstsein haben, brauchen Sie auch gar nicht so zu tun. Dann suchen Sie nämlich gezielt Menschen, die entweder genau das gut können, was Sie nicht gut können, oder die es Ihnen beibringen können (hierbei hilft Ihnen Ihre gute Empathie).

Es wird Ihnen auch leichter fallen, über Ihre Stärken zu sprechen, und zu argumentieren, welchen Nutzen Sie Ihrer Führungskraft und dem Unternehmen bringen. Im Vorstellungsgespräch, Assessment-Centern, Gehaltsverhandlungen genau wie in Akquisegesprächen geht es immer darum, Ihrem Gegenüber zu erklären, was dieser davon hat, mit Ihnen zusammenzuarbeiten. Fokussieren Sie sich auf den Mehrwert, den Sie zu bieten haben, den Nutzen, den Sie stiften. Überlegen Sie sich folgendes: an Ihrem besten Tag, wenn Sie freie Hand haben, und Ihr Supermankostüm außerdem gewaschen und gebügelt ist – was ist dann das Ergebnis Ihres Tuns? DAS ist der Nutzen.

Eine gute Selbstwirksamkeitsüberzeugung führt auch dazu, dass Sie sich auch mal an Projekte oder Aufträge herantrauen, für die Sie sich noch nicht 100 % fit und bereit fühlen – weil Sie darauf vertrauen, dass Sie die Fähigkeiten, die noch benötigt werden, auf dem Weg schon lernen werden, oder im Zweifelsfall outsourcen können.

Was passiert, wenn Sie eine schlechte Selbstwirksamkeits-
überzeugung haben?

Wenn Sie sich selbst schlecht kennen, Ihre Stärken nicht gut einschätzen können, oder nicht von diesen überzeugt sind, kann das immense Folgen auf Ihre Karriere haben. Ihr Chef möchte Sie fördern, und Ihnen ein neues Projekt anvertrauen, damit Sie sich profilieren können? Wenn Sie sich das nicht zutrauen, werden Sie wohl „nein" sagen, und diese Gelegenheit vorbeiziehen lassen.

Gleichzeitig werden Sie wahrscheinlich Fehler zu verbergen suchen, weil Sie diese als ein Zeichen von Schwäche ansehen. Das kann schlimme Auswirkungen für Ihre Abteilung oder sogar das ganze Unternehmen haben – und für Ihre Karriere sowieso. Denn Fehler sind dazu da, dass wir daraus lernen. Wenn wir sie vertuschen, summieren sie sich, und das Resultat wird meist immer schlimmer (und die Fehlerkorrektur immer teurer), je länger wir warten.

Ich weiß, dass in vielen Firmen im deutschen Sprachraum eine schlechte Fehlerkultur herrscht. Das ist schlimm – denn Fehler sind eine Chance, besser zu werden. Einen ganz anderen Umgang mit Fehlern pflegen beispielsweise Fluggesellschaften: wenn den Piloten im Flug Fehler unterlaufen, sind diese dazu angehalten, anonym davon zu berichten, damit andere daraus lernen können. Denn es ist nie nur ein Fehler, der ein Flugzeug zum Absturz bringt – es ist immer eine Verkettung von Fehlern. Und je mehr Fehler verhindert werden können, desto sicherer wird das Fliegen.

Ähnlich geht die Firma Toyota mit Fehlern um. Hier herrscht die Anweisung, dass Fehler zwar grundsätzlich vermieden werden sollten. Aber da sich die Firmenleitung bewusst ist, dass Menschen Fehler machen, lebt sie nach der Losung – „wenn schon Fehler passieren, gib dem Unternehmen verdammt noch mal wenigstens die Gelegenheit, daraus zu lernen".

Optimismus

Wenn Sie eine gute Selbstwirksamkeitsüberzeugung haben, vertrauen Sie auf Ihre eigenen Fähigkeiten. Aber auch Sie können nicht alles beeinflussen. Wenn Sie optimistisch sind, vertrauen Sie darauf, dass das, was Sie nicht selbst in der Hand haben, sich aber zu Ihren Gunsten entfaltet.

Optimismus ist der Glaube an einen guten Ausgang der Dinge. Oder anders ausgedrückt – Optimismus ist Einstellungssache, und bestimmt den Blickwinkel, mit dem Sie die Welt bewerten. Optimisten sehen eher die positiven Dinge, die geschehen, und messen den negativen nicht so große Bedeutung bei. Das Wasserglas? Ist für Optimisten halbvoll – während es für Pessimisten halbleer ist. Optimisten legen den Fokus auf das, was noch da ist, nicht auf das, was bereits weg ist.

Optimismus heißt auch, dass Sie in den Dingen, die Ihnen geschehen, den positiven Aspekt suchen („wer weiß, wofür das gut ist"), oder davon ausgehen, dass sich am Ende doch alles zum Guten wenden wird.

In der Resilienz sprechen wir allerdings gerne vom „realistischen Optimismus", der durchaus auch einmal negative Aspekte oder Risiken mit einbezieht, aber andererseits ein gutes Urvertrauen in einen guten Ausgang der Dinge mit sich bringt.

Wofür ist Optimismus gut?

Viele Pessimisten rechtfertigen ihren Pessimismus damit, dass sie die Dinge viel realistischer betrachten als Optimisten – und behaupten, eigentlich gar keine Pessimisten, sondern Realisten zu sein.

Es mag sein, dass Pessimisten Situationen teilweise realistischer einschätzen als Optimisten – aber Optimisten erzielen dafür oft bessere Ergebnisse.

Wie in der Geschichte der Dartspieler: Diese sollten sich jeweils einer Gruppe zuordnen, nämlich entweder der der Optimisten oder der der Pessimisten. Dann sollten sie für das darauffolgende Spiel ihre eigenen Ergebnisse vorhersagen. Am Ende des Matches wurden die Punkte mit den jeweiligen Vorhersagen verglichen. Und siehe da: die Ergebnisse der Pessimisten waren deutlich näher an den, von ihnen vorhergesagten Ergebnissen dran. Das heißt: Pessimisten sind vielleicht tatsächlich realistischer als Optimisten.. Allerdings zeigte sich auch folgendes Phänomen: die jeweilige Gesamtpunktzahl der Optimisten war deutlich besser als die der Pessimisten – sie hatten sich zwar weniger realistisch eingeschätzt, dafür aber deutlich besser abgeschnitten!

Es hilft also, mit einer gehörigen Portion Optimismus an gestellte Aufgaben heranzugehen (eine gute Selbstwirksamkeitsüberzeugung kann dabei auch nicht schaden). Gepaart mit einer guten Zielorientierung werden Sie dann vielleicht nicht die Sterne erreichen, nach denen Sie gegriffen haben – aber dafür an den Baumwipfeln vorbeikommen, die die Pessimisten für unerreichbar gehalten haben.

In seinem Buch „*Optimismus – Warum manche weiterkommen als andere*" betont Jens Weidner jedoch, dass Optimisten vor allem dann erfolgreicher sind, wenn Sie zwischendurch auf Pessimisten hören. Denn diese decken auch schon mal Schwachstellen oder Fallstricke auf, die die Optimisten in ihrem Eifer übersehen hätten.

Er betont auch, dass es Jobs gibt, in denen Pessimismus fast schon essenziell wichtig ist – in der Gefahrenabwehr etwa. Denn hier hilft eine gehörige Portion Misstrauen (die dem Pessimisten zur Genüge gegeben ist), mögliche Risiken realistisch einzuschätzen und eine vernünftige Gefahrenpotentialanalyse zu machen.

Um aber noch einmal eine andere Perspektive aufzuzeigen: es gibt Studien, die zeigen, dass Optimisten glücklicher und gesünder sind und oft auch länger leben als Pessimisten. Und auch das ist doch schon mal ein Vorteil, oder?

Was passiert, wenn Sie keinen Optimismus haben?

Wenn Sie sich absolut und komplett zu den Pessimisten zählen, und in allem nur das Schlechte und Gefährliche sehen, und dies auch noch lautstark äußern, werden Sie höchstwahrscheinlich nicht besonders beliebt sein. Sie mögen jetzt dagegen halten, dass das zum Erfolg auch nicht nötig ist. Das mag sein, wenn Sie Justizvollzugsbeamter oder Staatssekretär im Innenministerium sind (oder werden wollen).

Für manche Positionen ist es ungemein wichtig, Pessimist zu sein – in der Justiz, der Polizei, dem Militär. Für die meisten Berufe trifft das aber nicht zu. Denn Unternehmen wollen vorankommen – und das können sie nicht mit Mitarbeitern, die an allem etwas auszusetzen haben und überall das Haar in der Suppe suchen (und auch finden). Das blockiert den Fortschritt. Und wenn Ihre Führungskraft das Gefühl hat, dass Sie das Fortkommen Ihrer Abteilung oder Ihres Unternehmens blockieren, wird er (oder sie) Sie blockieren.

Um beruflichen Erfolg zu haben, sind außerdem Netzwerke und Unterstützer wichtig. Auch hier werden Sie aber nur Unterstützung erfahren, wenn Sie grundsätzlich positiv an die Dinge herangehen. Es geht wie gesagt nicht darum, die Dinge schön zu reden oder Risiken zu ignorieren – es geht um eine gute und konstruktive Grundeinstellung.

Machen Sie sich nichts vor – Neinsager und Nörgler sind nicht beliebt und werden auch keine Karriere machen, da helfen auch Aussagen wie „ich seh' das nur realistisch" nicht. SIE meinen vielleicht, dass Sie Realist sind – Ihr Umfeld wird Sie mit großer Wahrscheinlichkeit als Bremser ansehen.

Anders ist es gelagert, wenn Ihre Führungskraft Ihnen bewusst die Rolle des „Advocatus diaboli", dem Anwalt des Teufels zuteilt. Denn unrealistischer Optimismus kann auch schon mal ins Leere laufen, und mögliche Risiken außer Acht lassen. Manchmal gibt es Teams, die voller begeisterungsfähiger Optimisten sind, die sich gegenseitig immer weiter aufstacheln und dabei Luftschlösser bauen – dann hilft es, wenn ein Pessimist dabei ist, um den Blick auf Gefahrenherde zu lenken. Aber Vorsicht: diese Rolle sollten Sie nicht von sich aus übernehmen, sondern mit Ihrer Führungskraft absprechen, um sicherzustellen, dass es auch gewünscht ist, was Sie tun.

Kausalanalyse

Als letzten – aber mindestens genauso wichtigen – Faktor stelle ich Ihnen die Kausalanalyse vor. Kausalanalyse ist die Fähigkeit, die Ursache (lat. causa) zu analysieren und zu identifizieren, die den Ereignissen zugrunde lag. Anders ausgedrückt: was ist passiert und warum? Und: welchen Anteil hatte ich daran?

Kausalanalyse ist die Fähigkeit zur Selbstreflexion. Sind die Dinge schiefgegangen, weil Sie einfach immer Pech haben? Meint das Schicksal es immer schlecht mit Ihnen?

Bei der Kausalanalyse geht es darum herauszufinden, was passiert ist, zu verstehen, welchen Anteil Sie daran hatten - und dann daraus zu lernen.
Die Geschichte *„Das Loch in der Straße"* von Portia Nelson beschreibt es ganz schön:

> *„Ich gehe die Straße entlang.*
> *Da ist ein tiefes Loch im Bürgersteig.*
> *Ich falle hinein*
> *Ich bin verloren… Ich bin hilflos.*
>
> *Es ist nicht mein Fehler.*
> *Es dauert ewig, wieder hinaus zu kommen.*
>
> *Ich gehe dieselbe Straße entlang.*
> *Da ist ein tiefes Loch im Bürgersteig.*
> *Ich tue so, als würde ich es nicht sehen.*
> *Ich falle wieder hinein.*
> *Ich kann nicht glauben, schon wieder am gleichen Ort zu sein.*
>
> *Aber – es ist nicht mein Fehler.*
> *Immer noch dauert es sehr lange, heraus zu kommen.*

Ich gehe dieselbe Straße entlang.
Da ist ein tiefes Loch im Bürgersteig.
Ich falle schon wieder hinein… aus Gewohnheit.
Meine Augen sind offen. Ich weiß, wo ich bin.

Es ist mein Fehler.
Ich komme sofort wieder heraus.

Ich gehe dieselbe Straße entlang.
Da ist ein tiefes Loch im Bürgersteig.
Ich gehe darum herum.

Ich gehe eine andere Straße."

Hier komme ich auch wieder auf das Thema „Fehlerkultur" zu sprechen, dass ich schon im Kapitel „Selbstwirksamkeitsüberzeugung" erwähnt habe. Wir alle machen Fehler. Unsere Fähigkeit zur Kausalanalyse hilft uns, diese zu erkennen. Mithilfe unserer Selbstwirksamkeitsüberzeugung können wir diese korrigieren. Und unser Optimismus lässt uns daran glauben, dass beim nächsten Versuch ein besseres Resultat herauskommt.

Zur Kausalanalyse zählt definitiv auch die Eigenverantwortung – denn wenn Sie die Verantwortung für Ihr Handeln übernehmen, übernehmen Sie auch die Verantwortung für Ihr ganzes Leben und sind nicht der Spielball des Schicksals.

Wofür ist Kausalanalyse gut?

Wofür die Fähigkeit zur Kausalanalyse gut ist, erschließt sich am besten im Zusammenhang aller Faktoren:

Sie sind ehrgeizig und haben eine gute Zielorientierung. Gleichzeitig sind Sie selbstwirksam genug, um auf Ihre Fähigkeiten zu vertrauen, dieses Ziel auch erreichen zu können. Außerdem sind Sie optimistisch und vertrauen darauf, dass sich der richtige Weg schon zeigt an Stellen, an denen Sie selbst keinen oder wenig Einfluss nehmen können.

Dennoch gehen zwischendurch Dinge schief – das ganz normale Leben halt. Mithilfe Ihrer guten Kausalanalyse finden Sie jedoch schnell heraus, was schiefgelaufen ist, und warum. Sie korrigieren Ihren Weg oder Ihre Vorgehensweise – aufgrund Ihrer Selbstwirksamkeitsüberzeugung ist Ihnen das möglich.

Reflektierte Menschen sind zudem weitaus erfolgreicher als unreflektierte. Sie kennen ihre Stärken, wissen aber auch um ihre Schwächen. Sie erkennen schnell, an welcher Stelle es gehakt hat, und können das korrigieren. Und sie übernehmen Verantwortung für ihr Handeln, und beschuldigen nicht andere – egal, ob es ein Kollege ist, oder das Schicksal. Und – elementar wichtig in der Arbeitswelt – sie denken lösungsorientiert.

Zusätzlich dazu, kann Ihnen eine gute Kausalanalyse helfen, an versteckte und hinderliche Glaubenssätze heranzukommen.

Manchmal sind uns unsere Glaubenssätze gar nicht so bewusst wie in dem Beispiel, das ich im Kapitel „Selbstwirksamkeits-überzeugung" gebracht habe, und nicht immer hindern Sie uns an der Erreichung unserer Ziele. Aber manchmal kommt es wegen eines Glaubenssatzes zu unbewussten Handlungen, die uns immer wieder passieren, oder wir haben Gewohnheiten, die uns am Erreichen unseres Ziels hindern. Wir wundern uns dann, dass wir nicht vorankommen, boykottieren uns in Wahrheit aber immer selbst.

Wenn Sie beispielsweise eine Frau sind, und auf dem Karriereweg nach oben sind, Sie aber immer wieder feststellen, dass Kollegen Ihre guten Ergebnisse als ihre eigenen verkaufen (und Sie sich wieder nicht dagegen gewehrt haben, obwohl Sie es sich eigentlich fest vorgenommen haben), könnte es mit einem Glaubenssatz zusammen hängen, mit dem Sie sich selbst behindern.

Vielleicht haben Sie den Glaubenssatz, „Kind und Karriere miteinander verbinden kann ja nicht funktioniert – man muss sich schon für eines entscheiden", versuchen zwar rational genau das zu tun – aber Ihre Gewohnheiten sprechen eine eigene Sprache. Die Fähigkeit zur Selbstreflexion, zur Kausalanalyse wird Ihnen helfen, diese Glaubenssätze aufzuspüren. Und wenn Sie die zugrunde liegenden Glaubenssätze erst einmal gefunden haben, können Sie sich daranmachen, sie beispielsweise mit Hilfe eines Coaches aufzulösen, damit diese Sie nicht weiter am Erreichen Ihres Zieles hindern können.

Was passiert, wenn Sie eine schlechte Kausalanalyse betreiben?

Wenn Sie nicht die Fähigkeit zur Selbstreflexion und Ursachenforschung haben, brauchen Sie sich über eine Karriere überhaupt keine Gedanken machen. Sie werden in einem Job steckenbleiben, der Ihnen keinen Spaß macht, und sich über eine komische Haltung des Teams Ihnen gegenüber wundern. Sie werden sich darüber beklagen, dass Sie bei der Beförderung wieder übergangen wurden, und werden Gründe dafür finden – „ist ja klar, dass Frauen bevorzugt werden" etwa. Oder, „mein Chef kann halt nicht mit Kritik umgehen, darum hält er mich klein".

Höchstwahrscheinlich sagen Sie Sätze wie, „wenn ich jünger wäre, dann...", „war ja klar, dass das nicht klappt!" (Sie merken – besonders in der Kombination mit mangelndem Optimismus ist es tödlich für Ihr berufliches Fortkommen).

Sie werden die Gründe für Ihr Versagen im Außen suchen, während Sie sich selbst für unterschätzt halten. Alles, was Ihnen schief geht, schieben Sie auf externe Faktoren oder eine höhere Macht, die Ihnen

Böses will. Nehmen Sie sich selbst mal nicht so wichtig: warum sollte die höhere Macht (wenn es eine solche gibt) den Lauf der Dinge extra für Sie so verschieben, dass wieder Ihnen etwas misslingt?

4. Ihre eigene Resilienz testen

Den vorliegenden Fragebogen habe ich selbst im Jahre 2016 entwickelt, und mittlerweile mit vielen Teilnehmern getestet. Mir war es wichtig, meinen Coachees und Seminarteilnehmern ein Hilfsmittel an die Hand zu geben, mit dem sie in die Reflexion gehen können. Dieser Fragebogen dient der Selbsteinschätzung, und soll ein Denkanstoß sein. Da Resilienz nicht statisch ist, gibt es keine absoluten Werte, dieser Test ist daher ein Abbild der momentanen Situation.

Lesen Sie die Fragen und beantworten sie spontan aus dem Bauch heraus. Denken Sie nicht zu viel darüber nach, sondern kreuzen Sie die Aussage an, die Ihrer Meinung nach am ehesten auf Sie zutrifft. Besonders aussagekräftig wird der Test, wenn Sie das Testergebnis mit einer anderen Person durchsprechen. Das kann jemand sein, der Sie gut kennt, es kann aber auch ein Außenstehender wie ein guter Coach sein.

Selbsttest zur Analyse der eigenen Resilienz

		trifft immer zu	trifft meistens zu	trifft manch-mal zu	trifft selten zu	trifft nie zu
1	Ich kann mich auf mich und meine Fähigkeiten verlassen.	☐	☐	☐	☐	☐
2	Es wird sich schon alles zum Guten wenden.	☐	☐	☐	☐	☐
3	Ich spüre schnell, wenn es jemandem nicht gut geht.	☐	☐	☐	☐	☐
4	Ich kann es nicht leiden, wenn Menschen immer anderen die Schuld für ihr eigenes Versagen geben.	☐	☐	☐	☐	☐
5	Meine Freunde kommen zu mir, um von ihren Sorgen zu berichten.	☐	☐	☐	☐	☐
6	Bin ich schlecht drauf, finde ich Mittel und Wege, meine Laune zu verbessern.	☐	☐	☐	☐	☐
7	Klappt etwas nicht, forsche ich so lange nach, bis ich die Ursache finde.	☐	☐	☐	☐	☐
8	Ich bin meines eigenen Glückes Schmied.	☐	☐	☐	☐	☐
9	Ich setze mir Ziele und arbeite darauf hin.	☐	☐	☐	☐	☐

		trifft immer zu	trifft meistens zu	trifft manch- mal zu	trifft selten zu	trifft nie zu
10	Schreit mich jemand an, fällt es mir leicht, ruhig zu bleiben.	☐	☐	☐	☐	☐
11	Menschen, die nichts dem Zufall überlassen können, finde ich langweilig.	☐	☐	☐	☐	☐
12	Ich sehe positiv in die Zukunft.	☐	☐	☐	☐	☐
13	Kommt mir einer krumm, ist der Tag für mich gelaufen.	☐	☐	☐	☐	☐
14	Das Glas ist für mich halb voll, nicht halb leer.	☐	☐	☐	☐	☐
15	Ich habe mein Schicksal selbst in der Hand.	☐	☐	☐	☐	☐
16	Wenn mir jemand komisch kommt, wird er schon einen triftigen Grund dafür haben.	☐	☐	☐	☐	☐
17	Merke ich, dass ein Ziel unrealistisch oder unwichtig wird, verwerfe ich es und setze mir ein neues Ziel.	☐	☐	☐	☐	☐
18	Klappt etwas nicht, ist es für mich ein Leichtes, etwas anderes zu tun.	☐	☐	☐	☐	☐

		trifft immer zu	trifft meistens zu	trifft manch- mal zu	trifft selten zu	trifft nie zu
19	Stehe ich mit dem falschen Fuß auf, ist der Rest des Tages gelaufen.	☐	☐	☐	☐	☐
20	Disziplin ist mir wichtig.	☐	☐	☐	☐	☐
21	Ich stelle in Frage, ob ich das Richtige tue.	☐	☐	☐	☐	☐
22	Es gibt Tage, da geht einfach alles schief.	☐	☐	☐	☐	☐
23	Mich nerven Menschen, die ständig gute Laune haben.	☐	☐	☐	☐	☐
24	Es gibt Menschen, mit denen kann man einfach nicht reden.	☐	☐	☐	☐	☐
25	Wer es sich einmal mit mir verdorben hat, dem verzeihe ich nicht.	☐	☐	☐	☐	☐
26	Ich habe gelernt, mich direkt zu wehren.	☐	☐	☐	☐	☐
27	Ich trete auf der Stelle.	☐	☐	☐	☐	☐
28	Mein Lieblingssatz könnte sein „5 Minuten schmollen ist in Ordnung. Mehr ist Absicht."	☐	☐	☐	☐	☐
29	Ich weiß genau, was ich will und erreiche dies auch.	☐	☐	☐	☐	☐

		trifft immer zu	trifft meistens zu	trifft manch-mal zu	trifft selten zu	trifft nie zu
30	Nehme ich mir etwas vor, schaffe ich es nicht, länger dran zu bleiben. Oder lasse ich mich leicht davon ablenken.	☐	☐	☐	☐	☐
31	Ich weiß nicht wie meine Zukunft aussehen soll.	☐	☐	☐	☐	☐
32	Ich finde es anstrengend, wenn andere dauernd über ihre Probleme reden wollen.	☐	☐	☐	☐	☐
33	Ich lasse mich von niemandem reizen.	☐	☐	☐	☐	☐
34	Mir fällt es echt schwer, Verständnis für das Jammern anderer aufzubringen.	☐	☐	☐	☐	☐
35	Ich möchte morgens am liebsten nicht aufstehen.	☐	☐	☐	☐	☐
36	Ich bin ganz schön genervt von meinen Kollegen.	☐	☐	☐	☐	☐
37	Ich kann konzentriert an etwas arbeiten und lasse mich nicht ablenken.	☐	☐	☐	☐	☐
38	Ich lege mich nicht fest und lasse mich gerne überraschen.	☐	☐	☐	☐	☐

		trifft immer zu	trifft meistens zu	trifft manch- mal zu	trifft selten zu	trifft nie zu
39	Ich ärgere mich nicht über jemanden.	☐	☐	☐	☐	☐
40	Ich bin überzeugt davon, dass fast alles, was ich erreicht habe, pures Glück war.	☐	☐	☐	☐	☐
41	Mir fällt es sehr schwer darauf zu vertrauen, dass die Dinge wieder in Ordnung kommen.	☐	☐	☐	☐	☐
42	Passiert mir ein Fehler, überlege ich, was ich beim nächsten Mal verbessern könnte.	☐	☐	☐	☐	☐

Auswertung

Übertragen Sie Ihre Antworten auf die einzelnen Fragen in die untenstehende Tabelle. Addieren Sie die Summen pro Resilienzfaktor, um ein Gesamtergebnis zu bekommen.
Anschließend errechnen Sie eine Gesamtsumme aller Faktoren.

	trifft immer zu	trifft meistens zu	trifft manch- mal zu	trifft selten zu	trifft nie zu	
IMPULSKONTROLLE						**SUMME**
10.	5	4	3	2	1	
20.	5	4	3	2	1	
26.	1	2	3	4	5	
30.	1	2	3	4	5	
33.	1	2	3	4	5	
37.	5	4	3	2	1	
EMOTIONSSTEUERUNG						**SUMME**
6.	5	4	3	2	1	
13.	1	2	3	4	5	
19.	1	2	3	4	5	
23.	1	2	3	4	5	
28.	5	4	3	2	1	
39.	5	4	3	2	1	

	trifft immer zu	trifft meistens zu	trifft manch-mal zu	trifft selten zu	trifft nie zu	
EMPATHIE						**SUMME**
3.	5	4	3	2	1	
5.	5	4	3	2	1	
16.	5	4	3	2	1	
24.	1	2	3	4	5	
34.	1	2	3	4	5	
36.	1	2	3	4	5	
ZIELORIENTIERUNG						**SUMME**
9.	5	4	3	2	1	
11.	1	2	3	4	5	
17.	5	4	3	2	1	
29.	5	4	3	2	1	
31.	1	2	3	4	5	
38.	1	2	3	4	5	

	trifft immer zu	trifft meistens zu	trifft manch-mal zu	trifft selten zu	trifft nie zu

SELBSTWIRKSAMKEITSÜBERZEUGUNG SUMME

	trifft immer zu	trifft meistens zu	trifft manch-mal zu	trifft selten zu	trifft nie zu
1.	5	4	3	2	1
8.	5	4	3	2	1
15.	5	4	3	2	1
21.	1	2	3	4	5
27.	1	2	3	4	5
40.	1	2	3	4	5

OPTIMISMUS SUMME

	trifft immer zu	trifft meistens zu	trifft manch-mal zu	trifft selten zu	trifft nie zu
2.	5	4	3	2	1
12.	5	4	3	2	1
14.	5	4	3	2	1
22.	1	2	3	4	5
35.	1	2	3	4	5
41.	1	2	3	4	5

	trifft immer zu	trifft meistens zu	trifft manch-mal zu	trifft selten zu	trifft nie zu	
KAUSALANALYSE						**SUMME**
4.	5	4	3	2	1	
7.	5	4	3	2	1	
18.	1	2	3	4	5	
25.	1	2	3	4	5	
32.	1	2	3	4	5	
42.	5	4	3	2	1	
						GESAMT -SUMME

IMPULSKONTROLLE

Ihr Score:

22-30 Punkte: Sie haben eine gute Konzentrationsfähigkeit und beenden das, was Sie begonnen haben, ohne sich groß ablenken zu lassen.

15-21 Punkte: Wenn Sie eine Sache interessiert, können Sie sich gut darin vertiefen, allerdings lassen Sie sich schnell ablenken, wenn etwas vermeintlich Spannenderes anfällt.

6-14 Punkte: Sie bleiben selten an einer Sache dran, sondern geben jeder Ablenkung und jedem Impuls sofort nach.

EMOTIONSSTEUERUNG

Ihr Score:

22-30 Punkte: Sie lassen sich von schwierigen oder unangenehmen Umständen nicht so leicht die Laune verderben.

15-21 Punkte: Sie sind oft gut gelaunt, und schaffen es auch nach schwierigen Situationen vergleichsweise schnell, Ihre Emotionen zum Positiven zu wenden.

6-14 Punkte: Sie sind den Launen des Lebens hilflos ausgeliefert und schaffen es nur selten, sich selbst aus einer negativen Emotion zu befreien.

EMPATHIE

Ihr Score:

22-30 Punkte: Sie können sich gut in andere Leute hineinversetzen, was Ihnen ermöglicht, tiefe und dauerhafte Beziehungen zu anderen zu führen.

15-21 Punkte: In den meisten Fällen können Sie sich einfühlen in das, was in Ihrem Gegenüber vorgeht. Es gibt jedoch immer wieder Situationen, in denen Sie völlig überrascht von den Reaktionen anderer Menschen sind.

6-14 Punkte: Andere Menschen sind Ihnen ein Rätsel, Sie haben keinen Schimmer, was in ihnen vorgeht.

ZIELORIENTIERUNG

Ihr Score:

22-30 Punkte: Sie wissen, was Sie wollen, setzen sich Ziele im Leben, und erreichen diese auch meist.

15-21 Punkte: Sie setzen sich hin und wieder Ziele, allerdings eher sporadisch und wenig strukturiert.

6-14 Punkte: Sie leben in der Regel in den Tag hinein und genießen das Leben. Es kommt Ihnen nicht in den Sinn, sich Ziele zu setzen.

SELBSTWIRKSAMKEITSÜBERZEUGUNG

Ihr Score:

22-30 Punkte: Sie verfügen über eine gute Selbstwirksamkeits-überzeugung, vertrauen auf Ihre Fähigkeiten und sind der Überzeugung, dass Sie die Dinge selber beeinflussen können.

15-21 Punkte: In der Regel trauen Sie sich einiges zu, aber hin und wieder kommen Ihnen schon Zweifel, ob Sie es wirklich aus eigener Kraft schaffen können.

6-14 Punkte: Sie zweifeln ernsthaft an sich selber, und glauben vielmehr, dass Sie gegen das Schicksal ohnehin nichts ausrichten können.

OPTIMISMUS

Ihr Score:

22-30 Punkte: Ihr Glas ist in den allermeisten Fällen halb voll, und Sie lassen sich auch von widrigen Umständen nicht von Ihrer positiven Sicht auf die Dinge abbringen.

15-21 Punkte: In der Regel glauben Sie daran, dass die Dinge sich im Großen und Ganzen schon zum Guten wenden werden, allerdings kommen Ihnen immer häufiger Zweifel, ob dem wirklich so ist.

6-14 Punkte: Egal was passiert – Sie sind der Überzeugung, dass es schlecht ausgehen wird. Dass Sie immer in der längsten Schlange warten werden. Dass alles schiefgehen wird, was nur schiefgehen kann.

KAUSALANALYSE

Ihr Score:

22-30 Punkte: Sie lernen aus Ihren Fehlern, weil Sie sich die Zeit nehmen und die Fähigkeiten besitzen, diese zu analysieren.

15-21 Punkte: Hin und wieder gelingt es Ihnen, aus Situationen die richtigen Schlüsse zu ziehen.

6-14 Punkte: In den allermeisten Fällen haben Sie den Eindruck, dass Dinge „einfach so", ohne ersichtlichen Grund, schiefgehen. In der Regel schaffen Sie es nicht, Ihren eigenen Anteil in Fehlschlägen zu erkennen.

Gesamtwertung

148-210 Punkte: Sie sind ein äußerst resilienter Mensch – Hut ab! Achten Sie bitte auf sich, damit Ihnen diese Resilienz erhalten bleibt, denn zu viel Stress oder eine dauerhafte Unter- oder Überforderung im Job kann an dieser Resilienz zehren.

105-147 Punkte: Sie sind im Großen und Ganzen und in den meisten Situationen resilient. Zu viel Druck oder ein Zusammentreffen von unglücklichen Umständen können Sie jedoch leicht aus der Bahn werfen. Es wäre sinnvoll, an den weniger resilienten Punkten zu arbeiten, um diese „Fäden" zu stärken und gleichzeitig die starken Faktoren weiter zu unterstützen.

42-104 Punkte: Sie sollten unbedingt etwas tun – Ihre Resilienz hat schon ganz schön gelitten! Liegt es an Ihrem Job? An den Lebensumständen? Oder kennen Sie es gar nicht anders? Schauen Sie hin, was die Ursache ist, und versuchen Sie einerseits an Ihrer Resilienz zu arbeiten.

Überlegen Sie andererseits, auf welche äußeren Umstände Sie Einfluss nehmen können – z.B. in dem Sie sich beruflich neu orientieren, wenn Sie in Ihrem Job nicht mehr glücklich sind.

Reflexion

Nun, da Sie sowohl die Ergebnisse der einzelnen Fäden, als auch das Gesamtergebnis kennen, habe ich ein paar Impulsfragen für Sie, um für sich noch tiefer einzusteigen:

- Was macht das Ergebnis mit Ihnen?
- Wo finden Sie sich in den Fragen und den Ergebnissen wieder? Wo nicht?
- Was ist ursächlich für Ihre Ergebnisse? Was läuft gut? Wo sehen Sie selbst Handlungsbedarf?
- Welche Aspekte würden Sie gerne stärker beleuchten? Warum?

Lassen Sie uns reden

Wenn Sie die Ergebnisse Ihres Resilienztests gerne teilen oder mit mir reflektieren möchten, lade ich Sie herzlich ein, einen unverbindlichen Termin mit mir zu buchen. Bei diesem Erstgespräch können wir gemeinsam Ihre konkreten Fragen und Ihre aktuelle Situation besprechen. Hier können Sie sich einen Termin heraussuchen und direkt buchen

https://katjamichalek.de/termin

Gerne können Sie mir die Testergebnisse im Vorfeld zu unserem
Gespräch zukommen lassen.

5. Was können Sie für eine bessere Resilienz tun?

Resilienz ist nie statisch. Durch verschiedene Umstände kann sie sich verändern – sowohl zum Positiven als auch zum Negativen.

Wir alle können in Lebensphasen oder Krisen geraten, die uns belasten, und in denen so ziemlich alles schief geht, was schief gehen kann. Dann gibt es besonders stressige Lebensphasen, in denen vielleicht nicht alles schief geht, aber in denen die Belastung einfach unglaublich groß ist. Manchmal schaffen wir es in solchen Phasen, auf uns achtzugeben und uns bewusst einen Ausgleich zu suchen – aber häufig eben nicht. Das belastet unsere Resilienz, manchmal im Ganzen, manchmal werden nur einzelne Fäden dünn. Jeder Mensch ist da anders; der eine verliert in solchen Situationen schnell die Beherrschung und fährt aus der Haut, wenn noch die kleinste Kleinigkeit dazu kommt (hier ist also der Faktor Impulskontrolle die Achillesferse). Manch anderer hat sich nach außen wunderbar unter Kontrolle, frisst aber heimlich buchstäblich alles in sich rein, weil es innen drin ganz anders aussieht, als es nach außen scheint (Emotionssteuerung).

Ebenso gibt es viele Menschen, die sich nicht in einer schwierigen oder besonders stressigen Lebensphase befinden, die aber dennoch einzelne (oder auch mehrere) Faktoren nicht besonders stark ausgeprägt haben. Denen vielleicht eine gewisse Empathie fehlt, oder die sich selbst schlecht reflektieren können, und die Schuld immer im Außen suchen.

Gehören Sie zu einer der beiden Gruppen? Stellen Sie immer wieder fest, dass Sie in bestimmten Situationen nicht so reagieren, wie Sie das gerne möchten? Oder dass die Ergebnisse nicht so sind, wie Sie es sich wünschen? Dass Sie nicht so leben, wie Sie es sich vorstellen?

Vielleicht haben Sie bei der Selbstanalyse aber auch nur festgestellt, dass Ihre Resilienz an und für sich gut ist - möchten aber dranbleiben, um diese zu schützen und die einzelnen Fäden auch langfristig stark zu halten.

Egal, aus welcher Motivation heraus Sie dieses Buch lesen: ich freue mich, dass Sie bis hierhin gekommen sind und etwas für sich tun wollen. Denn das geht! Wir können an unserer Resilienz arbeiten und das Spinnennetz stärken - und stark halten.

Es gibt verschiedene Möglichkeiten, die Faktoren für sich einzeln betrachtet zu stärken. Im Folgenden gebe ich Ihnen ein paar Ideen an die Hand, wie Sie das tun können, und zwar Faktor für Faktor. Das Wunderbare ist aber: die einzelnen Fäden hängen teilweise zusammen, bedingen einander und unterstützen sich gegenseitig. Dadurch stärken Sie häufig nicht nur einen der sieben Faktoren, sondern gleich mehrere!

Viele von den folgenden Tipps und Übungen werden Sie kennen, vielleicht zum Teil sogar schon hin und wieder anwenden. Manche werden für Sie vielleicht merkwürdig oder skurril klingen. Ich lade Sie dennoch ein, sich alle gründlich durchzulesen und für sich bewusst zu testen, am besten über einen Zeitraum von ca. 6 Wochen. Denn erst nach dieser Zeit können sich Gewohnheiten ausbilden und Sie können wirklich entscheiden, ob sich etwas verändert hat oder nicht.

Beobachten Sie sich dabei und registrieren Sie, was es mit Ihnen macht und ob (und was) sich verändert (und schon haben Sie den Faktor Kausalanalyse gestärkt!). Machen Sie ein Spiel draus – es darf und soll Spaß machen! Leichtigkeit und Gelassenheit fördert Resilienz – Schwere und Verbissenheit schwächt sie.
Und jetzt geht es los - fangen wir direkt mit dem ersten Faktor an:

Impulskontrolle stärken

Impulskontrolle bezieht sich, wie erwähnt, auf zwei leicht unterschiedliche Fähigkeiten. Zum einen die Fähigkeit, auf eine, nennen wir es mal, negative Ansprache nicht ebenso zu reagieren, sondern sich „zusammenzureißen". Auf diesen Aspekt möchte ich zuerst eingehen.

Um Ihre Impulskontrolle langfristig zu stärken, und zu lernen, in schwierigen Situationen die Nerven zu behalten, kommen beispielsweise verschiedene Achtsamkeitsübungen in Frage.

Das Ziel ist es hierbei im Grundsatz, in die Lücke zwischen Reiz (z.B. angeschrien werden) und Reaktion (z.B. zurückschreien) zu stoßen und diese zu vergrößern. Denn wenn die Lücke groß genug ist, kann sich der Verstand einschalten, und die Entscheidung für eine bewusste Reaktion kann getroffen werden.

Tipp 1: Atmen

So profan das klingt – bewusst zu atmen macht einen Riesenunterschied aus. Mir passiert es heute noch hin und wieder, dass ich in brenzligen Situationen zu flach atme oder die Luft anhalte. Durch meine jahrelange Yogapraxis merke ich dies jedoch schnell, und atme dann mindestens einmal tief ein und aus. Das hilft mir, wieder zu meiner Mitte zu finden.

Wenn Sie dazu neigen, schnell und impulsiv zu reagieren und dann Dinge zu sagen, die Sie hinterher bereuen, nehmen Sie sich bewusst vor, einmal tief ein- und auszuatmen, bevor Sie reagieren. Das verschafft Ihnen etwas Luft (buchstäblich als auch im übertragenen Sinne), Sie bekommen einen klareren Kopf, und Ihr Verstand bekommt die Chance, sich eine andere Reaktion zu überlegen.

Wenn Ihnen das nicht gelingt, weil Sie immer wieder in alte Muster verfallen und sprechen oder losschreien, bevor Sie überhaupt das Wort „Atmen" denken können, überlegen Sie sich vorher in Ruhe, was Sie in einer solchen Situation an Ihr Vorhaben erinnern kann. Vielleicht können Sie sich ein rotes STOPP-Schild an Ihren Bildschirm kleben – und immer, wenn Sie draufschauen, erinnern Sie sich daran, dass Sie ja erst einmal ein- und ausatmen wollten, bevor Sie reagieren. Vielleicht hilft auch eine Postkarte mit einem lustigen Spruch, ein Maskottchen, ein Anti-Stress-Ball – irgendetwas, was Ihnen ins Auge fällt oder Sie berühren können, wenn die Situation brenzlig wird. Üben Sie das, es wird immer besser werden. Und verzagen Sie auch nicht, wenn es mal Rückschläge gibt und Ihnen doch wieder der Kragen geplatzt ist.

Wenn Sie diese erste Übung des Ein- und Ausatmens gemeistert haben, können Sie einen Schritt weitergehen. Versuchen Sie zusätzlich, in sich hinein zu spüren. Spüren Sie dem Impuls nach, der sie gerade überkommt. Atmen Sie bewusst tief ein und aus. Ein und aus. Ein und aus. Spüren Sie noch einmal nach, wie der Impuls jetzt ist. Wiederholen Sie die Übung, wenn es sein muss. Üben Sie das bewusst in verschiedenen Situationen – egal, ob stressig oder nicht, und spüren Sie Ihrer Reaktion nach. Nach einer Zeit werden Sie es schaffen, diese Atemtechnik auch in grenzwertigen oder extrem belastenden Situationen anzuwenden.

Dadurch öffnet sich langsam ein Spalt, die oben beschriebene Lücke. Jedes Mal, wenn Sie diese Übung durchführen, wird die Lücke größer, und irgendwann können Sie sich bewusst für eine Reaktion entscheiden.

Der zweite Aspekt von Impulskontrolle ist ja die Fähigkeit, diszipliniert zu arbeiten und Dinge voran und vor allem zu Ende zu bringen, und sich so wenig wie möglich ablenken zu lassen. In unserer Gesellschaft ist dies einerseits eine Fähigkeit, die hoch- geschätzt wird – gleichzeitig wird aber von uns erwartet, dass wir multitaskingfähig sind. Multitasking ist aber das Gegenteil von Fokus, verschlechtert häufig das Ergebnis und verlangsamt die Arbeit zudem.

Unser Gehirn ist nicht dafür gemacht, verschiedene Dinge gleichzeitig zu tun (auch nicht das der Frauen!). Es kann zwar blitzschnell von einer (Denk-)Aufgabe zur nächsten springen, was nach außen so wirkt, als ob die Prozesse gleichzeitig ablaufen. In Wahrheit ist das aber nicht der Fall. Dieses Hin- und Herspringen verlangsamt aber den Gesamtprozess, weil das Gehirn sich immer wieder auf eine neue Denkaufgabe einstellen muss – das dauert zwar nur den Bruchteil einer Sekunde, aber hochgerechnet macht das eine Menge aus.

In meinen Seminaren demonstriere ich das gerne mit einer Übung aus dem Buch *„Mit dem Elefant durch die Wand"* von Alexander Hartmann. Ich lade Sie ein, diese für sich auch einmal durchzuführen:

Die Aufgabe lautet, den Satz

MULTITASKING IST EINE LÜGE

aufzuschreiben, und die Buchstaben gleichzeitig durchzunummerieren. Sie schreiben also in der ersten Zeile den Buchstaben, in der zweiten Zeile die dazugehörige Nummer, dann wieder den nächsten Buchstaben in der ersten Zeile, die entsprechende Zahl in der zweiten Zeile usw. auf, bis Sie fertig sind. Also M – 1 – U – 2 – L – 3 usw. Dabei stoppen Sie die Zeit, die Sie benötigen. Bereit? Dann legen Sie los.

Im zweiten Teil der Übung zählen Sie auch die Buchstaben durch, allerdings schreiben Sie zunächst den kompletten Satz auf, um dann im nächsten Schritt darunter die entsprechenden Zahlen zu schreiben. Und los.

Wenn Sie den Anweisungen korrekt gefolgt sind, wird der erste Teil der Übung deutlich mehr Zeit in Anspruch genommen haben als der zweite. Bei der ersten Aufgabe muss unser Gehirn nämlich zwischen zwei verschiedenen Denksystemen (Buchstaben und Zahlen) hin und her springen. Im zweiten Teil konnte sich das Gehirn zunächst voll auf eine Sache konzentrieren, diese abschließen, um dann zur nächsten überzugehen.

Eine sehr gute Möglichkeit, Ihre Fähigkeit zur Fokussierung und zum disziplinierten Arbeiten zu trainieren ist also, sich vom Multitasking zu verabschieden, und sich Zeitfenster für bestimmte Aufgaben zu setzen – um diese dann Schritt für Schritt abzuarbeiten. Das beschleunigt Ihre Arbeit nicht nur, sondern wird höchstwahrscheinlich auch die Qualität verbessern – und Sie zudem entspannter durch den Tag gehen lassen, weil Sie nicht das Gefühl haben, alles gleichzeitig zu machen und nichts fertig zu bekommen.

Was ungemein dabei hilft, ist die Angewohnheit, sich seinen Tag in Arbeitsblöcke zu strukturieren. Dabei empfehle ich Ihnen die Pomodoro-Technik.

Tipp 2: Zeitmanagement: Pomodoro-Technik

Es gibt unterschiedliche Ansätze, seine Zeit effizient einzusetzen. Eine, wie ich finde, äußerst nützliche ist die Pomodoro-Technik des Italieners Francesco Cirillo. Ich nutze Sie selbst fast immer, wenn ich im Homeoffice arbeite (je nachdem, was ich mache, muss ich mich allerdings sehr disziplinieren, um auch tatsächlich die kleine Pause zu machen, gerade wenn ich im Flow bin).

Signore Cirillo hat eine Methode erfunden, um besonders produktiv zu sein. Bei seiner Technik wechseln sich kurze Arbeitsblöcke mit sehr kurzen Pausen ab. Genauer: nach fünfundzwanzig Minuten Arbeitszeit legen Sie fünf Minuten Pause ein. Nach vier Blöcken (also insgesamt zwei Stunden) ist eine längere Pause von dreißig Minuten fällig. (Der Name Pomodoro, also „Tomate" kam von der Form der Eieruhr, mit der Cirillo die fünfundzwanzig Minuten gestoppt hat).

Wenn Sie konsequent in diesen Zeiteinheiten arbeiten, werden Sie feststellen, dass Sie in der Regel tatsächlich produktiver arbeiten, da Sie bemüht sein werden, in dieser kurzen Zeit möglichst viel fertig zu stellen. Wichtig hierbei ist allerdings, Ablenkungen wie Facebook, WhatsApp oder E-Mail in dieser Zeit konsequent auszuschalten, und Ihren Kollegen das auch zu kommunizieren, damit Sie sich konzentriert und ungestört Ihren Aufgaben widmen können.

Warum das funktioniert, lässt sich ganz leicht mit dem Parkinsonschen Gesetz erklären. Dieses ist nach seinem Entdecker Cyril Northcote Parkinson benannt, und besagt, dass sich Arbeit genau in dem Maße ausdehnt, wie Zeit für die Erledigung zur Verfügung steht – und nicht in dem Maße, wie komplex die Aufgabe tatsächlich ist. Vielleicht haben Sie auch schon mal festgestellt, dass Sie selten zu früh mit einer Aufgabe fertig werden, sondern meistens „just in time"? Das liegt genau an diesem Gesetz: wir benötigen nämlich immer genauso viel Zeit, wie wir zur Verfügung haben. Und wenn wir die Zeit künstlich verknappen (wie durch die Pomodoro-Technik) sind wir auch schneller fertig.

Versuchen Sie, am Ende eines Arbeitstags den kommenden Tag zu planen. Schreiben Sie sich alles auf, was zu tun ist, priorisieren Sie sich die Aufgaben und teilen Sie sie in Arbeitsblöcke ein. Und ganz wichtig: kommunizieren Sie Ihr Vorhaben an Ihre Kollegen, damit diese wissen, wann Sie ansprechbar sind, und wann nicht (und erinnern Sie sich daran, dass Menschen, die zu der Kategorie der „Geber" gehören, am erfolgreichsten sind – aber nur, wenn sie freiwillig geben, und nicht aus einem Gefühl der Überrumpelung heraus).

Tipp 3: Yoga-Übung „Zungenrolle"

Meine Schwester ist eine sehr erfahrene und begnadete Yogalehrerin – von ihr stammt diese Übung. Ein toller Tipp, wenn Sie sich über etwas extrem aufregen: Sitali, die Zungenatmung (Zungenrolle).

- Setzen Sie sich ruhig hin.
- Schließen Sie die Augen.
- Rollen Sie die Zunge so, dass die Zungenmitte unten ist, und die seitlichen Zungenränder nach oben schauen. Atmen Sie sehr langsam und tief mit einem leichten Zischlaut die Luft über die Zunge ein. Stellen Sie sich dabei vor, dass Sie kühlende, entspannende, harmonisierende Energie einatmen.
- Dann atmen Sie zügig aber lautlos durch die Nase wieder tief aus. Wiederholen Sie etwa 10 Atemzüge. Lassen Sie anschließend den Atem ein paar Atemzüge lang von selbst fließen und spüren nach.

Diese Übung gibt Ihnen Entspannung, Ruhe und Gleichmut. Sie ist auch gut, um den Körper zu kühlen, und um ein übermäßiges Hungergefühl zu vermindern. Sie hilft, unruhige Energien zu harmonisieren. Nach den alten Hatha Yoga Schriften wirkt sie sogar verjüngend.

Tipp 4: Jin Shin Jyutsu

Jin Shin Jyutsu ist eine jahrtausendealte, japanische Heilkunst, bei der ausschließlich mit den Händen behandelt wird. Eine ausgezeichnete Craniosakraltherapeutin hat mich in diese Kunst eingeführt - ich nutze diese Handgriffe in der Regel ausschließlich bei mir selbst, und nicht in meiner Coachingpraxis. Es lohnt sich aber, sie mal auszuprobieren, deshalb gebe ich sie an dieser Stelle an Sie weiter.

Diese Heilkunst basiert auf der Vorstellung, dass es am Körper 26 (doppelt vorhandene) sogenannte Energieschlösser gibt. Bei anhaltendem Stress schnappen diese Schlösser ein. Es entstehen Energieblockaden und als Folge davon Beschwerden wie Verspannungen, Schmerzen, Niedergeschlagenheit - nach dem Verständnis des Jin Shin Jyutsu Warnsignale, die uns die Chance geben, rechtzeitig gegenzusteuern.

Es gibt ein paar einfache Griffe, mit denen man sich leicht selber helfen kann. Hierbei werden Finger der einen Hand mit allen Fingern der jeweils anderen Hand umschlossen und gehalten.

Der Mittelfinger steht hierbei für Wut und Ärger. Wenn Sie also mal wieder ärgerlich oder sauer sind, umschließen Sie den Mittelfinger einer Hand mit der anderen Hand, und halten Sie ihn eine Zeitlang fest. Das können Sie ganz wunderbar durchführen, wenn andere Menschen mit im Raum sind, da es ohnehin keiner mitbekommt. Probieren Sie es ruhig einmal aus.

Emotionssteuerung trainieren

Wie eingangs erwähnt, bedeutet Emotionssteuerung nicht, dass Sie ab jetzt Ihre Gefühle verdrängen müssen. Dies ist auch nicht ratsam, da der innerliche Druck dann oft immer größer wird, bis Sie buchstäblich platzen. Das habe ich in meinen Zwanzigern selbst jahrelang praktiziert: statt mich meinen Gefühlen zu stellen, habe ich sie heruntergeschluckt – zusammen mit kiloweiser Schokolade und anderen Süßigkeiten. Auch nachdem ich diese Essstörung überwunden hatte, dauerte es noch Jahre, bis ich meine eigenen Gefühle auch tatsächlich wahrgenommen habe.

Emotionssteuerung bezieht sich also auf die Fähigkeit, negative Emotionen wahrzunehmen und sie dann bewusst und aktiv in positive umzuwandeln. Hierbei ist hervorzuheben, dass das Gehirn oft dem Körper folgt. Beispielsweise können wir uns nur schwer glücklich und energiegeladen fühlen, wenn wir Kopf und Schultern hängen lassen. Ebenso „glaubt" das Gehirn uns nicht, dass es uns schlecht geht, wenn wir mit erhobenem Kopf und aufrechter Körperhaltung herumlaufen.

Diesen Umstand können Sie sich zunutze machen, wenn Sie bewusst positive Gefühle hervorrufen möchten.

Tipp 5: Stift im Mund – fake it until you make it

Dies ist eine meiner Lieblingsübungen, an denen kaum ein Seminarteilnehmer bei mir vorbeikommt. Sie erntet immer wieder Kopfschütteln, und manche können gar nichts damit anfangen, aber: sie ist wissenschaftlich erwiesen.

Nehmen Sie einen Stift Ihrer Wahl zur Hand und stecken Sie ihn quer in den Mund, sodass Sie mit den Zähnen draufbeißen. Dadurch werden die Mundwinkel nach außen gezogen, ähnlich einem Lächeln oder Grinsen.

Halten Sie diese (zugegebener Weise merkwürdige) Pose für mindestens sechzig Sekunden, und Sie werden merken, dass sich Ihre Stimmung bessert.

Durch das Auseinanderziehen der Mundwinkel werden die Muskeln in den Wangen aktiviert, die wir auch beim Lächeln, also wenn wir fröhlich sind, benutzen. Das Gehirn merkt das und denkt – oh, wir lächeln. Dann scheinen wir uns ja wohl zu fühlen. – und weist die Ausschüttung der entsprechenden Hormone, z.B. des Glückshormons Serotonin an. Mag etwas abstrus klingen, ist aber wissenschaftlich erwiesen, wie beispielsweise die Managementtrainerin und Sachbuchautorin Vera F. Birkenbihl in einer äußerst amüsanten Vorlesung erläutert hat, die noch auf YouTube zu finden ist. Und funktioniert.

Tipp 6: Sport als bewussten Ausgleich

Eine Methode, um langfristig an Ihrer Emotionssteuerung zu arbeiten, ist definitiv regelmäßiges Sporttreiben. Egal, ob es Joggen, Tanzen oder Fahrradfahren ist – jegliche Form der Bewegung (insbesondere des Ausdauertrainings) hilft, einen Ausgleich zu einem stressigen Alltag zu finden. Einerseits bietet Sport einen muskulären Ausgleich bei Berufsgruppen, die den Großteil ihres Arbeitstages im Sitzen verbringen (und beugt damit Fehlhaltungen, Rückenschmerzen und Verspannungen vor). Andererseits bewirkt Sport und Bewegung den Abbau von Stresshormonen – und die Ausschüttung von Glückshormonen.

Damit hilft Sport kurzfristig bei der Emotionssteuerung (auch schon ein Spaziergang um den Block kann da helfen), aber auch mittel- und langfristig, um aufgestaute, negative Emotionen wieder abzubauen.

Ich habe als Kind keine feste Sportart gehabt, und als junge Erwachsene habe ich über lange Jahre gar keinen Sport getrieben. Mittlerweile habe ich Thai Chijuan für mich entdeckt, außerdem liebe ich Schwimmen und Radfahren. Und manchmal tut es auch ein einfacher Spaziergang um den Block.

Tipp 7: Jin Shin Jyutsu

Zwei weitere Übungen aus der alten japanischen Heilkunst Jin Shin Jyutsu können helfen, negative Gefühle zu steuern und umzulenken:

Umschließen Sie den Zeigefinger einer Hand mit allen Fingern der anderen Hand, und halten Sie den Zeigefinger mit einigem Druck fest. Das hilft dabei, Gefühle der Angst in den Griff zu bekommen. Probieren Sie es mal aus!

Wenn das vorherrschende Gefühl aber Wut ist, empfehle ich, den Mittelfinger fest umschlossen zu halten – das hilft wiederum auch bei der Impulskontrolle.

Empathie üben / soziale Bindungen stärken

Zur Erinnerung: Empathie ist die Fähigkeit, sich in andere Menschen hineinzudenken und wahrnehmen zu können, was sie fühlen. Das setzt in der Regel ein gewisses Maß an Achtsamkeit voraus – denn wenn wir ausschließlich mit uns selber beschäftigt sind, „sehen" wir den anderen nicht. Die Empathiefähigkeit mit einzelnen Übungen gezielt zu stärken, ist meines Erachtens kaum möglich.

Vielmehr ist hier ein Ansatz nötig, der bei jedem Einzelnen beginnt. Man sollte also zunächst versuchen, mit sich selbst ins Reine zu kommen, um Kapazität dafür zu schaffen, auf andere wirklich einzugehen.

Dennoch gibt es ein paar Dinge, die Sie gezielt einsetzen können, um die Bindung zum jeweils anderen zu stärken. Und wenn Sie es schaffen, eine gute Bindung zu einer Person aufzubauen, indem Sie diese wahrnehmen, haben Sie zumindest schon mal die Tür geöffnet, um auch andere Personen wahrnehmen zu können.

Tipp 8: Fragen stellen

Eine sehr gute Möglichkeit, Verständnis für andere aufzubringen und unsere Empathie zu stärken, ist das Fragenstellen.

Wir leben in einer Gesellschaft, in der wir häufig viel zu schnell Antworten oder Ratschläge parat haben, und zu wenig Fragen stellen. In der Sesamstraße heißt es zwar, „Wer nicht fragt, bleibt dumm". Fragen zu stellen gestatten wir in der Regel, wenn überhaupt, aber nur den Kindern zu. Als Erwachsene scheuen wir uns häufig, Fragen zu stellen, entweder aus der Angst heraus, als unwissend zu gelten (im Sinne der verdrehten Liedzeile, „Wer fragt, ist dumm"), oder um nicht neugierig zu erscheinen.

Fragen helfen Ihnen aber, die Zusammenhänge besser zu verstehen (damit unterstützen Sie Ihre Kausalanalyse) und gleichzeitig die Beweggründe anderer Menschen besser zu verstehen.

Um das Fragen zu üben, mache ich in meinen Seminaren häufig die Übung „44 Fragen", die ich dem Buch *„Rock your Idea"* von Martin Gaedt entliehen habe. Hierbei geht es darum, sich zu einem beliebigen Thema vierundvierzig Fragen aufzuschreiben – in nur zehn Minuten. Das erscheint eine absurd kurze Zeit für so viele Fragen, und das ist es auch. Beim ersten Mal kommen die meisten Menschen auf zwanzig, fünfundzwanzig Fragen, ganz wenige auf über dreißig.

Je häufiger Sie diese Übung machen, desto leichter fällt es Ihnen aber – und desto natürlicher ist es für Sie, Fragen zu stellen. Das wird Ihnen das Fragenstellen im menschlichen Miteinander erleichtern, was Ihnen wiederum hilft, andere Menschen besser zu verstehen, also Empathie zu entwickeln.

Gleichzeitig ist dies auch eine ausgezeichnete Übung, um Lösungen zu finden. Denn die ersten zehn bis fünfzehn Fragen zu einem bestimmten Thema sind meistens die, die wir uns ohnehin schon gestellt haben. Ab Frage fünfundzwanzig oder dreißig wird es dann aber interessant – und oft genug birgt eine der späteren Fragen die Antwort auf das Problem, zu dem Sie sich die Fragen gestellt haben.

Tipp 9: Bewusstes Beobachten

Dieses ist eher eine Angewohnheit oder vielmehr eine Lebenseinstellung als eine Übung: werden Sie zum Beobachter anderer Menschen, ohne direkt zu reagieren oder zu bewerten. Hören Sie zu, was die anderen sagen, beobachten Sie, was sie tun. Und fragen Sie, wenn sie etwas nicht verstehen. Ganz wichtig hierbei: versuchen Sie das alles wertfrei zu halten!

Eine Teilnehmerin in einem meiner Seminare berichtete mal davon, dass sie sich dieses Beobachten in der Bahn auf dem Weg zur Arbeit zur Gewohnheit gemacht hatte. Gleichzeitig hat sie sich zu den einzelnen Fahrgästen Geschichten ausgedacht, und überlegt, wo diese wohl arbeiten, wie sie leben, und was sie gerne tun. Teilweise kam sie mit ihnen anschließend auch ins Gespräch, sodass sie Gelegenheit hatte, ihre Vermutungen bestätigt oder widerlegt zu sehen. Nach ihrer Aussage sind daraus teilweise richtige Freundschaften entstanden.

Das mag sich vielleicht anhören, als habe sie die Menschen in Schubladen gesteckt. Wahrscheinlich könnte man das auch so nennen – sie tat es aber auf eine wertschätzende, positive Art und Weise, und war gleichzeitig offen dafür, das Gegenteil zu erfahren. So trainierte sie ihr Einfühlungsvermögen – und schloss neue Bekanntschaften.

Tipp 10: Umarmung

Eine Umarmung zur Begrüßung oder zum Abschied ist heutzutage in den meisten Kreisen fast nichts Besonderes mehr. Versuchen Sie jedoch einmal, diese Umarmung für sieben Sekunden (oder länger) zu halten. Denn erst nach dieser Zeit kommt es zu einer Oxytocin-Ausschüttung, also der Ausschüttung des Bindungshormons. Ebenso kommt es auch zu einer Ausschüttung von Serotonin, dem Glückshormon. Kann auch nie schaden (s. Emotionssteuerung).

In einem Seminar haben wir diese Umarmung mal vier Minuten halten müssen – mit uns wildfremden Teilnehmern. Was anfangs wirklich äußerst gewöhnungsbedürftig war, hat eine unfassbare Verbindung zwischen mir und meiner Sitznachbarin geschaffen. Und diese Verbindung war im ganzen Raum zu spüren.

Keine Angst, hierbei besteht nicht das Risiko, sich in den anderen Menschen zu verlieben – das ist auch nicht das Ziel der Übung. Wenn Sie sich aber regelmäßig auf diese Art und Weise auf eine (kurze)

Bindung mit einer anderen Person einlassen, steigert das Ihre Fähigkeit, sich auch auf andere Menschen einzulassen. Und dadurch werden Sie sich in andere auch besser einfühlen können – also empathisch sein.

Zielorientiert handeln

Unter Zielorientierung verstehen wir die Fähigkeit, sich immer wieder herausfordernde Ziele zu setzen, und diese auch konsequent zu verfolgen (hierbei hilft die Fähigkeit zur Impulskontrolle). Dazu gehört jedoch auch die Fähigkeit, Ziele fallenzulassen, wenn man erkennt, dass sie unrealistisch oder obsolet geworden sind.

Das eigene Ziel zu erkennen ist eine Kunst für sich. Auch ich habe lange eine bestimmte Vorstellung von meinem Leben gehabt. Erst spät habe ich erkannt, dass das gar nicht wirklich mein eigenes Ziel war, dem ich nachgegangen war – mir fehlte in diesem Falle die Fähigkeit zur Selbstreflexion. So dachte ich beispielsweise lange, dass ich gerne einmal eine Abteilungsleitung im Konzern übernehmen wollen würde. Heute ist meine persönliche Version von Karriere eine gänzlich andere – nämlich die, die ich gerade lebe, und die optimal zu mir, meinen Bedürfnissen und auch meinen Stärken passt.

Die Psychologieprofessorin Gail Matthews von der Dominican University in San Raphael, Kalifornien wollte herausfinden, welchen Einfluss die Art, sich Ziele zu setzen, für die tatsächliche Zielerreichung hat. Dafür teilte sie 267 Probanden in fünf Gruppen ein.

- Die erste Gruppe sollte ihre Ziele mündlich formulieren und priorisieren
- Die zweite Gruppe sollte ihre Ziele verschriftlichen und priorisieren
- Die dritte Gruppe hatte die Aufgabe, lediglich Maßnahmen zur Zielerreichung aufzuschreiben (nachdem die Ziele mündlich formuliert worden waren)
- Die vierte Gruppe sollte sowohl Ziele als auch Maßnahmen aufschreiben, und einem Freund davon erzählen

- Die fünfte Gruppe schließlich bekam die Anweisung, Ziele und Maßnahmen aufzuschreiben, einem Freund davon zu erzählen und zusätzlich den Fortschritt zu dokumentieren.

Nach vier Wochen wurde der Zielerreichungsgrad gemessen. Und was denken Sie, welche Gruppe am besten abgeschnitten hat?

Ich bringe dieses Beispiel häufig in meinen Trainings, und lasse die Teilnehmer die Ergebnisse raten und diskutieren. Es ist äußerst spannend die verschiedenen Argumente zu hören (häufig gefärbt von persönlichen Präferenzen wie, „mich würde es nerven, ständig Buch über den Fortschritt führen zu müssen, da hätte ich schon gar keine Lust mehr, am Ziel weiterzuarbeiten"). Tatsache ist aber folgendes Ergebnis:

Am schlechtesten abgeschnitten hat in der vorliegenden Studie die Gruppe eins mit nur 43 % Zielerreichungsgrad. Am anderen Ende der Skala liegt Gruppe fünf mit sage und schreibe 76 %! Fast genauso niedrig wie Gruppe eins war die dritte Gruppe, mit etwa 51 %, während Gruppe zwei immerhin auf 60 % kam – und Gruppe vier mit 64 % gar nicht so schlecht abschnitt.

Was können wir daraus ableiten?

Zum einen ist es weitaus wirkungsvoller, Ziele schriftlich festzulegen. Denn: schriftlich festgelegte Ziele zwingen zur gedanklichen Klarheit – beim Aufschreiben ringen Sie länger um die genaue Formulierung des „richtigen" Ziels.

Außerdem ist es verbindlicher, Ziele aufzuschreiben. Papier ist zwar geduldig, aber was einmal geschrieben steht, lässt sich nicht so schnell ungeschehen machen wie das gesprochene, oder vielleicht sogar das nur gedachte Wort.

Ein weiterer Aspekt sind die Maßnahmen zur Zielerreichung. Diese könnten Sie als konkreten Fahrplan bezeichnen, und sie bewirken, dass Sie zu jeder Zeit genau wissen, was zu tun ist, um Ihr Ziel zu erreichen. Das erhöht die Wahrscheinlichkeit, dass Sie auch wirklich tun, was nötig ist, und sich nicht ablenken lassen.

Zum anderen hilft es Ihnen, jemanden in Ihre Ziele einzuweihen, weil Sie sich dann verpflichtet fühlen, tatsächlich an diesen Zielen zu arbeiten. Wie fühlen Sie sich wohl, wenn Ihre Vertrauensperson Sie in ein, zwei Monaten an Ihr Ziel erinnert und Sie fragt, wie Sie vorankommen – und Sie kleinlaut zugeben müssen, dass noch nichts geschehen ist?

Das vierte Erfolgsrezept ist tatsächlich die Dokumentation des Fortschritts. Hierbei können Sie kontrollieren, ob Sie noch im Plan sind, oder ob Sie hinterherhinken und etwas „Kniegas" geben müssen. Gleichzeitig ist die Dokumentationspflicht eine Gelegenheit, sich wieder an Ihr Ziel zu erinnern und es sich vor Augen zu führen. Dadurch fokussieren Sie sich erneut darauf – und was passiert, wenn Sie Ihren Fokus bewusst lenken, habe ich beim Faktor Impulskontrolle ja schon erwähnt.

Eine tolle Methode, seine Ziele zu verschriftlichen und sie sich auch immer wieder vor Augen zu führen, habe ich bei Alexander Hartmann (*„Mit dem Elefant durch die Wand"*) gelernt und wende sie selbst mit Erfolg an.

Tipp 11: 4x4 Ziele

Diese Übung besteht aus mehreren Schritten, und hilft nicht nur dabei, Ihre Ziele zu formulieren, sondern diese auch wirklich zu erreichen.

Identifizieren und formulieren Sie Ihre vier wichtigsten Ziele für, sagen wir, das nächste Jahr. In der Regel wird hierfür die SMART-Methode empfohlen:

- **spezifisch** (konkret, eindeutig, präzise),
- **messbar** („reich" ist relativ, „1.000.000,-€ Guthaben" ist messbar)
- **attraktiv** (allein bei dem Gedanken daran, es zu erreichen, sollten Sie schon ganz aufgeregt sein. Das ist auch ein guter Gradmesser, ob es sich wirklich um Ihr eigenes Ziel, oder das von jemand anderem handelt)
- **realistisch** (das Ziel kann ruhig hochgesteckt sein, sollte Ihnen aber erreichbar erscheinen, da sonst Frust vorprogrammiert ist. Denken Sie an das, weiter oben erwähnte Sprichwort, „Auf dem Weg zu den Sternen kommen wir an den Baumwipfeln vorbei, die andere für unerreichbar gehalten haben")
- **terminiert** (hier sollte ein Zeitpunkt festgelegt sein, bis wann Sie das Ziel erreicht haben werden. Wichtig ist hier der Futur zwei – „haben werden").

Nun kommen wir zur eigentlichen Übung: Schreiben Sie alle vier Ziele jeden Morgen vier Mal auf. Dadurch haben Sie sie stets vor Augen und ermöglichen Ihrem Gehirn, Gelegenheiten, die Sie Ihren Zielen näherbringen, zu erkennen. Und damit geben Sie sich selber die Chance, diese Gelegenheiten auch zu ergreifen.

Setzen Sie Ihre Ziele aber nicht zu klein! Sie sollten für Sie absolut inspirierend sein, und eine Chance zur Weiterentwicklung bieten. Bob

Proctor, der u.a. aus dem Film „The Secret" bekannt ist, empfiehlt die A/B/C-Methode:

- **A-Ziele** sind Ziele, von denen Sie wissen, dass Sie sie erreichen können, z.B. weil Sie sie schon einmal erreicht haben. Sie sind im Vertrieb, und haben im vergangenen Jahr 100.000 € umgesetzt? Dann wissen Sie, dass Sie diesen Umsatz erreichen können – wenn Sie sich dieses Jahr also vornehmen, wieder 100.000 € zu erreichen, ist es kein wirklicher Ansporn, und bringt keine Entwicklungsmöglichkeiten mit sich.
- **B-Ziele** sind Ziele, von denen Sie meinen, dass Sie sie erreichen können. Auf Basis dessen, was Sie bisher erreicht haben, haben Sie vielleicht schon ganz konkrete Ideen, wie Sie ein wenig mehr erreichen könnten – etwa, indem Sie pro Tag einen potenziellen Kunden mehr anrufen. Sie wissen im Prinzip, was zu tun ist, Sie müssen es nur tun. Ich behaupte, dass Sie bisher wahrscheinlich B-Ziele formuliert haben, weil diese „realistisch" sind, und es der vernünftige Weg ist – und der, den Sie gelernt haben. Allerdings müssen Sie nicht sonderlich kreativ sein, um B-Ziele zu erreichen – Sie wissen ja, was nötig ist, um dahin zu kommen.
- Interessanter für Ihre persönliche Entwicklung sind hingegen **C-Ziele**. C-Ziele sind Ziele, bei deren Vorstellung allein Ihnen schon das sprichwörtliche Wasser im Mund zusammenläuft. C-Ziele sind das, was Sie wirklich, wirklich wollen würden, wenn Sie die Stimmen in Ihrem Kopf ausschalten könnten, die mit Ihnen sprechen und zur Vernunft rufen wollen. C-Ziele sind die ganz großen Ziele, von denen Sie keine Ahnung haben, wie Sie diese erreichen sollen, die Sie aber so inspirieren, dass Sie Wege suchen. Wenn Sie sich diese Ziele aufschreiben, und sich diese immer wieder vor Augen halten (z.B. mit der Methode, die ich Ihnen gleich an die Hand gebe), wird sich nach und nach der Weg zeigen – und Sie werden inspiriert sein, sich die

Fähigkeiten anzueignen, die es braucht, um dorthin zu kommen.

Ich habe ich es mir zur Angewohnheit gemacht, mir nicht nur große Ziele zu setzen, sondern diese auch mit meiner Mastermind-Gruppe (siehe weiter unten) zu teilen. Die Wirkung ist verblüffend: plötzlich tun sich Gelegenheiten auf, die zu diesem Ziel passen.

Tipp 12: Jin Shin Jyutsu

Der Ringfinger steht im Jin Shin Jyutsu für das Loslassen, für einen Neubeginn – das kann Ihnen also helfen, Ziele loszulassen, die für Sie keinen Sinn mehr ergeben. Auch das ist ein Teil des Resilienz-Faktors Zielorientierung. Um ein Beispiel zu nennen, wo das Sinn machen könnte: ein junger Mann entwickelt während und nach seinem Studium den Ehrgeiz, einmal dem Vorstand eines DAX-Konzerns vorzusitzen, und richtet seine gesamte Karriere danach aus. Dann heiratet er und wird Vater – und stellt plötzlich fest, dass Zeit mit seinen Kindern zu verbringen ihm unendlich viel mehr gibt, als in einer großen Firma Verantwortung zu tragen. Dementsprechend gibt er dieses Ziel auf und konzentriert sich darauf, eine familienfreundlichere Position zu finden, die ihn dennoch erfüllt.

Tipp 13: Vision Board

Ein Vision Board ist eine Art Kollage, in der Sie Ihre Vision von Ihrem Leben zusammentragen und visualisieren. Hier geht es wirklich um Bilder, die für Sie Ihre Lebensvision symbolisieren.

Der Hintergrund ist der, dass Bilder uns emotionaler ansprechen als Worte. Unser Gehirn reagiert zudem besser auf Bilder. Wenn wir auf diese Art und Weise unsere Vision (the big picture) und unsere Ziele (die konkrete Kurz- und Mittelfristplanung) vor Augen halten, erhöht sich die Wahrscheinlichkeit, dass das Leben, wie wir es uns vorstellen, auch eintrifft.

Zur Vorbereitung sammeln Sie zunächst einmal Ideen, wie Ihr Leben idealerweise denn aussehen sollte. Dazu helfen Fragen wie:

- Welche Fähigkeiten möchte ich noch erlangen?
- In welcher Umgebung möchte ich leben?
- Wie möchte ich aussehen?
- Mit wem möchte ich mich umgeben?
- Was möchte ich mit achtzig Jahren erreicht haben?

Sie können auch verschiedene Lebensbereiche auswählen und sich dafür Ihre Ziele setzen:

- Geld, Job, Beruf, Finanzen
- Familie und Freunde
- Fitness und Ernährung
- Reisen, Hobbys, Aktivitäten
- Persönlichkeitsentwicklung, persönliche Eigenschaften
- Materielle Ziele

Um ein Vision Board zu erstellen, besorgen Sie sich einen großen Bogen Karton (A1 oder sogar A0) oder eine Pinnwand und fangen Sie an, Bilder von Ihrem Traumleben zusammenzutragen. Was symbolisiert am besten, wie Sie leben möchten? Nehmen Sie sich Zeit, und gestalten Sie Ihr Vision Board in Ruhe. Wenn Sie fertig sind, hängen Sie es an einem Ort auf, an dem Sie es jederzeit betrachten können und täglich im Auge haben – das steigert die Wahrscheinlichkeit, dass auch eintritt, was Sie visualisiert haben.

Sie werden feststellen, dass Sie nach einiger Zeit einzelne Ziele bereits erreicht haben, während andere noch weit entfernt scheinen. Nun besorgen Sie sich eine weitere Pinnwand oder einen neuen Bogen Karton, und hängen Sie die Bilder der erreichten Ziele um. Sie haben

dann zwei Vision Boards – eines mit den Dingen, die Sie schon erreicht haben, und eines mit all dem, was Sie noch erreichen möchten.
Vielleicht sind in der Zwischenzeit neue Ziele dazugekommen? Hängen Sie Bilder davon in die entstandenen Lücken!

Selbstwirksamkeitsüberzeugung ausbilden

Selbstwirksamkeitsüberzeugung ist essenziell nichts anderes als der Glaube an sich selbst und die eigenen Fähigkeiten. Um diesen Glauben zu stärken, ist es empfehlenswert, sich an vergangene Erfolge und gute Leistungen zu erinnern.

Tipp 14: Erfolgstagebuch

Ein Erfolgstagebuch kann ein richtiges Tagebuch sein, aber auch ein Kalender, ein Notizbuch oder ein Blog, den Sie verfassen. Es geht hierbei einfach darum, die Dinge, die Sie gut gemacht haben, direkt zu notieren.

Häufig erinnern wir uns nur an das, was uns nicht gut gelungen ist. Das, was wir hingegen gut gemacht haben, verblasst in unserer Erinnerung nach einiger Zeit. Das liegt zum einen daran, dass die meisten von uns zu Bescheidenheit erzogen sind. Zum anderen aber auch daran, dass das, was wir gut können, und meistens leicht fällt - und wenn es uns leicht fällt, messen wir dem keine große Bedeutung bei.

Sich kurz und stichpunktartig Notizen zu machen wird Ihnen helfen, sich an Ihre Erfolgsgeschichten zu erinnern. Damit steigt Ihr Selbstbewusstsein und Ihr Vertrauen in Ihre eigenen Fähigkeiten. Gleichzeitig fällt es Ihnen auch leichter, im entscheidenden Moment Argumente vorzubringen, warum Sie diese Gehaltserhöhung verdient haben, diesen Posten bekommen sollten oder warum Ihr Chef um Ihre Beförderung nicht mehr herumkommt.

Tipp 15: „SELF-F"-Methode

In meinen Einzelcoachings und Seminaren verwende ich sehr gerne die PETE-S-Methode. Es macht ungemein Spaß, diese Methode in der Gruppe anzuwenden, denn wo die Einzelnen nur jeweils vielleicht drei oder vier Stärken bei sich sehen, erkennen die anderen noch einige weitere. Und schon hat die Person dreizehn bis fünfzehn Stärken auf ihrem Zettel stehen und fühlt sich 20 cm größer!

Und so funktioniert das Ganze:

Nehmen Sie sich ein großes Blatt Papier und schreiben Sie mit ausreichend Abstand untereinander die Worte SITUATION (S), ERSCHWERNISSE (E), LEISTUNG (L), FAZIT (F) und FÄHIGKEITEN (F).

Nun überlegen Sie sich eine Situation, ein Projekt, oder eine Aufgabe aus Ihrem beruflichen oder privaten Kontext, die Sie besonders gut gelöst haben, und schreiben Sie diese unter **S** auf.

Überlegen Sie nun, welche Erschwernisse Ihnen eine Lösung, nun ja, erschwert haben. Notieren Sie diese unter **E**.

Was haben Sie konkret getan, um die Aufgabe zu lösen? Welche Leistung haben Sie also erbracht? Schreiben Sie sie unter dem Buchstaben **L** auf.

Und nun denken Sie an das Fazit oder Ergebnis (**F**) – was war das Resultat Ihrer Leistung?

Nun ziehen Sie ein Résumé, gerne auch mit Hilfe von jemandem, dem Sie die Situation erzählen. Was waren die Fähigkeiten und Stärken (**F**), die es Ihnen ermöglicht haben, diese Situation so zu meistern, wie Sie es getan haben?

Diese Übung ist ganz wunderbar geeignet, sich seine Erfolgsgeschichten und persönlichen Stärken zunächst zu erarbeiten und dann immer wieder vor Augen zu führen. Besonders wichtig ist dies auch in der beruflichen Neuorientierung und in Bewerbungsprozessen – so kann man die Frage „Was sind Ihre Stärken?" nicht nur souverän beantworten, sondern die Antwort auch mit einer Anekdote untermauern – und stellt dadurch eine identische Verständnisebene her.

Tipp 16: Jin Shin Jyutsu

Eine weitere Übung aus dem Jin Shin Jyutsu bietet sich hier an: das Halten des Daumens. Die Durchführung dieser Handhaltung kann helfen, Sorgen und Grübeln zu beseitigen (hilft also auch beim Einschlafen). Außerdem steht der Daumen für den Menschen, der in seiner Mitte ruht, sowie das Selbstvertrauen.

Optimistischer werden

Ich hatte das Glück, dass meine Eltern mir Optimismus quasi in die Wiege gelegt haben. Deshalb war es für mich nie ein Thema, Optimismus lernen zu müssen – und in meinen Seminaren brandet häufig die Diskussion auf, ob man das überhaupt könne. Meine Antwort lautet immer: ja, kann man – wenn man es denn wirklich möchte. Aber es ist ein Prozess, der seine Zeit braucht.

Optimismus die Fähigkeit, auf das gute Ende zu vertrauen – oder zumindest auf ein gutes Ende. Und wenn es noch nicht gut ist, ist es noch nicht das Ende. Hierzu gehört zum eine gehörige Portion Urvertrauen, zum anderen aber auch das Vertrauen in sich selbst und seine eigenen Fähigkeiten, Dinge zum Guten zu wenden (s. Selbstwirksamkeitsüberzeugung).

Optimismus entsteht meist durch eine Summe an positiven Erfahrungen. Aber wie sollen Sie optimistisch bleiben, wenn Sie nur Mist erlebt haben?

Ändern Sie Ihren Fokus. Machen wir einen kleinen Test: Schauen Sie sich im Raum um und merken sich alles, was rot ist.... nur die roten Dinge...

Sind Sie soweit? Jetzt schließen Sie die Augen.

Und jetzt nennen Sie mir bitte alle Dinge, die grün sind.

Jede Sekunde strömen etwa elf Millionen Sinneseindrücke auf uns ein – ja, Sie haben richtig gelesen. Diese werden direkt gefiltert, um nur das für uns Relevante durchzulassen. In konkreten Zahlen: ca. 40-60 davon nimmt unser Gehirn wahr. Und davon dringen wiederum nur zwischen 0,1 und 1 % in unser Bewusstsein!

Relevant sind entweder Dinge, die uns potenziell bedrohen (damit unser Kampf-oder-Flucht-Reflex getriggert werden kann), die neu sind (weil sie gefährlich sein könnten), die uns emotional berühren oder auf die wir vorher unsere Aufmerksamkeit gerichtet haben. So ist es auch zu erklären, dass plötzlich überall „kugelige" Frauen herumlaufen, wenn man selber schwanger ist, oder Sie sich partout an nichts Grünes erinnern können, wenn Sie sich vorher auf rote Dinge konzentriert haben. Dadurch erleben Menschen, die nur mit dem Schlimmsten rechnen, auch nur schlechte Dinge – subjektiv betrachtet.

Wie aber richten Sie Ihren Fokus auf die schönen Dinge im Leben, um noch mehr Positives anzuziehen (genauer gesagt wahrzunehmen)?

Tipp 17: Dankbarkeitstagebuch

Das mag Ihnen vielleicht etwas esoterisch anmuten, ist aber durchaus wirksam. Die Idee dahinter: nehmen Sie sich jeden Abend 10-15 Minuten Zeit, um den Tag Revue passieren zu lassen. Schreiben Sie alle schönen Dinge auf, die Ihnen an diesem Tag widerfahren sind, und für die Sie dankbar sind. Es können auch Kleinigkeiten sein, zum Beispiel, dass die Sonne geschienen hat, oder die Kassiererin im Supermarkt Sie angelächelt hat.

Das Prinzip ist das oben Erklärte – wenn Sie sich auf Positives konzentrieren, nehmen Sie auch tendenziell mehr das Gute wahr, das Ihnen widerfährt. Und das führt zu dem Glauben, dass Ihnen generell mehr gute Dinge begegnen. Auch Optimismus genannt.

Ich selbst binde dieses Prinzip auf unterschiedlichste Art und Weise in meinen Alltag ein. Es gibt Phasen, in denen ich mir jeden Abend notiere, wofür ich dankbar bin, manchmal lasse ich aber auch einfach nur den Tag Revue passieren und denke an die schönen Momente. Mittlerweile schaffe ich es immer häufiger, im Moment dankbar zu sein.

Besonders schön sind die Abende, an denen ich meine Kinder ins Bett bringe und sie frage, was denn an diesem Tag alles schön war – so bringe ich ihnen direkt bei, ihren Fokus auf die schönen Dinge des Lebens zu richten. Und die Antworten sind oftmals herzerweichend.

Tipp 18: Vorbilder suchen

Ein ganz heißer Tipp, wenn Sie bestimmte Eigenschaften lernen möchten, ist der, sich Vorbilder zu suchen, die diese Eigenschaften bereits besitzen, und mit denen Zeit zu verbringen. Wenn Sie beispielsweise optimistischer sein möchten, umgeben Sie sich mit Menschen, die bereits eine solch positive Einstellung zum Leben haben. Zum einen werden Sie sich irgendwann blöd vorkommen, alles schwarzzumalen, wenn alle anderen optimistisch an die Sache herangehen. Zum anderen können Sie die anderen auch beobachten und gut zuhören. Wie sprechen diese Menschen? Was sagen sie? Wie verhalten sie sich?

Es geht hierbei nicht darum, andere Menschen zu imitieren, sondern es geht darum, Eigenschaften zu lernen, die Sie gerne hätten. Das können Sie selbstverständlich auch mit verschiedenen Eigenschaften und unterschiedlichen Menschen machen. Vielleicht wären Sie gerne so gelassen wie Herr Maier aus dem Beschwerdemanagement, rhetorisch so gewandt wie Frau Schmidt aus dem Vertrieb und hätten eine so gute Menschenkenntnis wie Ihre große Schwester? Notieren Sie sich das, und beobachten Sie diese Vorbilder. Und wenn Sie dann in einer Situation sind, wo Gelassenheit gefragt ist, überlegen Sie, „Was würde Herr Maier an meiner Stelle jetzt wohl tun?". Das wird Ihnen helfen, die gewünschten Eigenschaften auch zu verinnerlichen.

Der kleine Finger steht für die perfekte Lebenskraft und die Freude. Halten Sie ihn umschlossen, um Ihre innere Kraft, Ihre Stärke, Ihre Fähigkeit zur Freude zu stärken.

Den Dingen auf den Grund gehen lernen - Kausalanalyse

Unter Kausalanalyse verstehen wir die Fähigkeit, negative Erlebnisse zu analysieren und den Grund dafür (korrekt) zu ermitteln. Auch wenn dieser in uns selbst, unseren Handlungen oder unserer Persönlichkeit liegt.

Dafür bedarf es ein gehöriges Maß an Reflexionsfähigkeit, aber auch der Wille und die Fähigkeit, innezuhalten und der Ursache überhaupt auf den Grund gehen zu wollen.

Ich habe mich immer als sehr reflektiert empfunden, was meine Fehler oder Versäumnisse anbelangt. Aber immer wieder ist es mir in der Vergangenheit passiert, dass ich auf Unverständnis von anderen Menschen gestoßen bin, insbesondere, wenn ich in Meetings neue Ideen oder Vorschläge einbrachte. Es hat eine Weile gebraucht, bis mir klar wurde, dass ich jahrelang davon ausgegangen war, dass alle Menschen dachten wie ich. Ich hatte sie sprichwörtlich nicht dort abgeholt, wo sie standen, und konnte sie deshalb auch nicht mitnehmen. Obwohl es offensichtlich war, ist mir diese Tatsache erst spät bewusst geworden – als mir ein Pferd beim pferdegestützten Coaching genau das gespiegelt hat, nämlich sich nicht hat mitnehmen lassen.

Wenn Sie diese Reflexionsfähigkeit nicht von Haus aus mitbringen oder im Laufe Ihres Lebens durch Ihr Umfeld gelernt haben, ist es schwer, sie ohne äußere Hilfe zu lernen. Denn woher sollten Sie wissen, dass Sie keine gute Reflexionsfähigkeit haben, wenn Sie sich nicht selbst reflektieren können? Deshalb:

Tipp 20: Mastermind-Gruppe

Eine Mastermind-Gruppe ist eine Gruppe von Menschen aus möglichst unterschiedlichen Professionen, die aber ein gemeinsames Ziel haben – nämlich an ihren eigenen Zielen zu arbeiten, und sich dabei zu unterstützen. Grundsätze einer Mastermind-Gruppe sind meist Vertraulichkeit, Offenheit, Hilfsbereitschaft und die Bereitschaft, einen Teil seiner Zeit der Gruppe zu geben.

Ich selbst bin seit anderthalb Jahren Teil einer wunderbaren Mastermind-Gruppe, die aus fünf tollen Frauen besteht. Derzeit schaffen wir es zwar nicht, uns regelmäßig virtuell zu treffen, haben aber mittlerweile eine solche Vertrauensbasis aufgebaut, dass wir uns per WhatsApp oder Impulstelefonaten gegenseitig unterstützen, wenn es nötig ist.

Viele erfolgreiche Menschen nutzen Mastermind-Gruppen – das wohl berühmteste Beispiel sind die „Four Vagabonds". Als solche bezeichneten sich Henry Ford (Gründer des gleichnamigen Automobilherstellers), Thomas Edison (Erfinder, u.a. der Glühbirne), Harvey Firestone (amerikanischer Unternehmer und Gründer des gleichnamigen Reifenherstellers) und John Burroughs (Künstler und bedeutender Naturforscher seiner Zeit). Zwischen 1915 und 1924 veranstalteten sie regelmäßige Campingtrips (bei denen teilweise bis zu fünfzig Begleitfahrzeuge zugegen waren). Was sie genau besprachen, ist nicht überliefert, aber jeder Einzelne hat in seinem Bereich Bahnbrechendes geleistet, und die Freundschaft zwischen diesen Vieren und die damit einhergehende Unterstützung wird einen großen Effekt gehabt haben.

Das zugrundeliegende Prinzip hinter eines Masterminds ist das Folgende: gemeinsam sind wir mehr als die Summe unserer Teile – und unsere vereinten Gehirne bringen mehr hervor, als wir alleine jemals leisten könnten. Dadurch hilft eine Mastermind-Gruppe sowohl bei der Zielerreichung (Sie erinnern sich – „erzähle einem Freund davon"), als auch bei der Stärkung der Kausalanalysefähigkeit. In dieser Gruppe lernen Sie zu hinterfragen, warum Sie etwas auf diese und jene Art gemacht haben, und was Sie selbst hätte tun können, um die Situation zu verändern. Das hilft Ihnen langfristig, selbst mehr in die Reflexion zu gehen.

Tipp 21: Selbstbild- / Fremdbild-Abgleich

Wählen Sie eine Person, der Sie vertrauen und von der Sie glauben, dass sie Sie gut kennt. Geben Sie diesem Menschen die Seite des Arbeitsblattes „So sehen mich die anderen" und lassen sie dieses ausfüllen. Gleichzeitig füllen Sie das Arbeitsblatt „So sehe ich mich selbst" eigenständig aus. Vergleichen Sie dann beide Arbeitsblätter miteinander, sprechen Sie mit der Person, die Sie eingeschätzt hat und ziehen Sie Ihre Schlüsse daraus. Das hilft Ihnen, sich besser selbst zu verstehen, zu lernen, was Sie gut können (stärkt gleichzeitig Ihre Selbstwirksamkeitsüberzeugung), und zu verstehen, wo Ihre Schwächen liegen.

Gehen Sie dabei durchaus kritisch mit sich selbst ins Gericht. Das ist nicht immer schön, hilft Ihnen aber zu verstehen, an welchen Punkten Sie ansetzen können. Ich habe diese Übung beispielsweise während meiner beruflichen Neuorientierung mit meinen Lufthansa-Kollegen durchgeführt. Dabei kam von einzelnen Kollegen das Feedback, ich sei dominant und fordernd. Andere wiederum empfanden mich ganz anders. Durch die Reflexion mit meinem damaligen Coach konnte ich diese Fremdwahrnehmung aber in Zusammenhang bringen mit der oben erwähnten Unfähigkeit, Menschen mitzunehmen, die anders dachten als ich – und schon ergab sich wieder ein rundes Bild.

6. Kennen Sie Ihre Werte, um Ihre Resilienz zu schützen

In der Einleitung habe ich erwähnt, dass die Werte meines Mannes in den letzten Jahren durch seinen Beruf verletzt wurden, und dass ihn das krank gemacht hat. Selbstverständlich war dies nicht der einzige Faktor, aber es hat zu seiner Krankheit beigetragen. Diese Wirkung wird allerdings von vielen unterschätzt – mit einem großen Risiko.

Was sind Werte?

Unsere Werte sind so etwas wie unsere Leitplanken im Leben. Sie helfen uns zu erkennen, was (für uns) richtig und falsch ist. Häufig werden Werte mit Normen verwechselt, es besteht jedoch ein feiner Unterschied zwischen den beiden: aus Normen können klare Verhaltensvorschriften abgeleitet werden; Werte sind etwas weiter gefasst und können zu unterschiedlichem Verhalten führen.

Nehmen wir als Beispiel den Wert „Familie": Person A lebt diesen Wert vielleicht, in dem sie viele Kinder bekommt und diese so viel und solange wie möglich zuhause betreut.

Für Person B kann dieser Wert aber eine völlig andere Bedeutung haben. Vielleicht gehören eigene Kinder nicht in ihr Bild eines glücklichen Lebens, sie ist aber sehr eng mit ihren Geschwistern verbandelt und wohnt mit diesen in einem Haus.

Wie entstehen Werte?

Unsere Werte entstehen aus einer Kombination unserer inneren Motivatoren (die unveränderlich sind) und unserer Erfahrung. Das bedeutet, dass Werte sich im Laufe des Lebens auch (leicht) verändern können – Motivatoren können dies nach dem jetzigen Stand der Forschung nicht.

Mit unseren Motivatoren werden wir geboren, sie sind eng verknüpft mit unserem Charakter. Sie bestimmen beispielsweise, ob wir uns gerne mit Menschen umgeben oder nicht, oder ob wir uns am wohlsten fühlen, wenn wir auch körperlich in Bewegung sind - oder eben nicht.

Unsere Motivatoren zu kennen ist wichtig, um uns für einen bestimmten Beruf zu entscheiden.

Unsere Werte zu kennen ist wichtig, um uns für eine bestimmte Firma zu entscheiden.

Warum sind Werte wichtig?

Angenommen, einer Ihrer Werte ist Hilfsbereitschaft. Und nun arbeiten Sie in einer Abteilung, in der jeder ausschließlich an sich selbst denkt, und nach dem Ellenbogenprinzip handelt. Höchstwahrscheinlich werden Sie sich dort nicht sonderlich wohl fühlen. Vielleicht ist Ihnen das gar nicht klar, woran es liegt – denn manchmal sind uns einige unserer Werte nicht bewusst. Aber mit Sicherheit werden Sie ein Störgefühl in sich feststellen, und sich unwohl fühlen.

Ein anderes Beispiel, um die Unterschiedlichkeit in den Definitionen zu verdeutlichen: eine andere Person hat ebenfalls den Wert der Hilfsbereitschaft. Diese Person ist aber nun in einem ganz anderen Job unterwegs, und arbeitet mit Kunden. Einige der Kunden sind schon älter, und teilweise geistig nicht mehr ganz so fit. Diese Person wird nun den Impuls haben, diesen Kunden zu helfen, sich vielleicht etwas mehr Zeit nehmen und sie fair beraten wollen. Was ist aber, wenn die Vorgabe der Firma ist, eine bestimmte Zeit pro Kunde nicht zu überschreiten, oder immer zu versuchen, ein teureres Angebot zu verkaufen, egal, ob es das richtige ist? Dann ist auch hier wieder ein Wert verletzt, und die Person wird unglücklich sein.

Hier wird deutlich, wie wichtig es ist, seine eigenen Werte genau zu kennen – und auch die Bedeutung dahinter. Wertelisten mit ca. 100 Werten, die überall herunterzuladen sind, helfen da nur bedingt weiter, weil jeder Mensch ein anderes Verständnis von Werten hat.

Wie Sie Ihre Werte definieren können – in fünf Schritten

Für diese Übung benötigen Sie drei leere A4-Blätter und einen Stift. Sind Sie bereit? Dann los!

Im ersten Schritt notieren Sie sich auf dem ersten Blatt so viele positive Erlebnisse der letzten Woche, wie Ihnen einfallen. Schreiben Sie alles auf, was Ihnen ein gutes Gefühl gegeben hat, und sei es noch so klein. Hat die Sonne geschienen? Hat eine Kassiererin im Supermarkt Sie freundlich bedient? Schreiben Sie es auf!

Wenn die letzte Woche eine eher schwierige war, dann gehen Sie ruhig ein wenig weiter zurück, und betrachten den letzten Monat. Nehmen Sie sich ca. drei bis fünf Minuten Zeit für diesen Schritt, nicht länger. Am Ende werden Sie so zwischen zehn und dreißig Punkte auf Ihrem Zettel stehen haben.

Nehmen Sie sich für den zweiten Schritt ein neues Blatt Papier vor, und notieren Sie alle negativen Erlebnisse der letzten Woche, oder (siehe oben) des letzten Monats. Worüber haben Sie sich geärgert? Was hat Sie traurig gemacht? Egal, was es ist, egal wie klein und unbedeutend – schreiben Sie es auf!

Hat Ihr Partner wieder vergessen den Müll runterzubringen? Hat Ihre Nachbarin Sie nicht gegrüßt? Hat es geregnet? Hat Ihre Kollegin die letzte Tasse Kaffee getrunken, und keinen neuen aufgesetzt? Haben Sie einen Fehler gemacht, und sich noch Stunden später darüber geärgert? Notieren Sie es sich!

Im dritten Schritt nehmen Sie sich der Reihe nach die positiven und die negativen Erlebnisse vor und überlegen, welcher Wert oder welches Bedürfnis sich dahinter verbergen könnte, der bedient oder verletzt wurde. Ganz wichtig: wählen Sie Ihre eigenen Worte, und suchen Sie nicht Werte anhand einer Liste heraus.

So könnte Sonnenschein beispielsweise das Bedürfnis nach Wärme symbolisieren, die lächelnde Kassiererin wiederum das Bedürfnis nach Freundlichkeit und Menschlichkeit.

Ihr Partner hat den Müll nicht runtergebracht? Vielleicht ist Ihnen Mitdenken wichtig, oder aber Hilfsbereitschaft. Die unhöfliche Nachbarin? Könnte es sein, dass Sie Freundlichkeit vermisst haben? Und so weiter.

Im vierten Schritt übertragen Sie bitte alle notierten Werte und Bedürfnisse auf das dritte Blatt. Schauen Sie nach Gemeinsamkeiten – oft liegt derselbe Wert zugrunde, wenn wir uns in einer Situation wohl fühlen und in einer anderen unglücklich. Clustern Sie die Ergebnisse.

Nun kommt der fünfte und letzte Schritt. Reflektieren Sie die aufgeschriebenen Begriffe und hinterfragen Sie sich selbst. Welche Werte stecken hinter den bereits notierten Werten? So könnte den Werten „Wärme", „Freundlichkeit" und „Menschlichkeit", die wir anhand der positiven Beispiele identifiziert haben, der Wert „Zugehörigkeit" zugrunde liegen. Und vielleicht ist das auch genau der Wert, den Sie bei der mangelnden Hilfsbereitschaft des Partners und der Unfreundlichkeit der Nachbarin verletzt sahen.

Oft hilft es, diese Übung (insbesondere den fünften Schritt) zu zweit zu machen, weil der Blick eines anderen und dessen gezielte Fragen helfen können, des Pudels Kern aufzudecken. Und wenn bei Ihnen die Fähigkeit zur Kausalanalyse nicht gut ausgeprägt ist, sollten Sie dies erst recht tun.

Werte in der heutigen Gesellschaft

Viele sprechen von einem Werteverfall in der heutigen Gesellschaft. Dieser zeige sich durch erhöhte Kriminalitätsraten, einen rüderen Umgang untereinander und Jugendlichen, die keinen Respekt vor Erwachsenen mehr haben.

Das mit dem rüderen Umgang mag stimmen oder nicht, ist meiner Meinung nach aber auch sehr abhängig von der eigenen Einstellung, dem eigenen Umgang und der eigenen Wahrnehmung der Dinge. Fakt ist jedoch, dass immer mehr Einsatzkräfte von Polizei und Feuerwehr dies und den zunehmenden Voyeurismus bemängeln.

Was die höheren Kriminalitätsraten anbelangt, sprechen die Zahlen tatsächlich eine andere Sprache: so hat das Bundesministerium des Inneren im Mai 2018 bekannt gegeben, dass die Fallzahlen laut Polizeilicher Kriminalstatistik (PKS) für 2017 im Vergleich zum Vorjahr um mehr als 5 % gefallen sind - und damit den niedrigsten Wert seit 1992 aufweisen.

Und was die Jugend von heute anbelangt: schon zu Zeiten Sokrates' (470-399 v. Chr.) herrschte die Meinung vor, dass die nachfolgenden Generationen nicht das gleiche Verhalten an den Tag legen, wie ihre Eltern. Sokrates selbst wird folgendes Zitat zugeschrieben: „Die Jugend von heute liebt den Luxus, hat schlechte Manieren und verachtet die Autorität. Sie widersprechen ihren Eltern, legen die Beine übereinander und tyrannisieren ihre Lehrer."

Aber egal, ob die Bedeutung von Werten objektiv weniger geworden ist und heutzutage nicht mehr das Miteinander, sondern nur noch der schnöde Mammon regiert: die Sehnsucht nach Werten ist in unserer Gesellschaft offenbar gestiegen. Es wird mehr über Werte diskutiert, und Bewerber achten tendenziell mehr darauf, welche Werte ein Unternehmen verkörpert als noch vor dreißig oder vierzig Jahren.

Was aber bedeutet das für die Firmen?

Unternehmenswerte: eine gute Einnahmequelle für Marketingagenturen

In Zeiten des Fachkräftemangels (dessen Existenz von Experten wie Martin Gaedt in seinem Buch „Mythos Fachkräftemangel" zwar bestritten wird, aber das ist ein anderes Thema) machen sich immer mehr Unternehmen Gedanken darüber, wie sie an gute Mitarbeiter kommen – und wie sie diese auch langfristig halten können.

Da Werte aber wie bereits erwähnt in den letzten Jahren immer mehr an Bedeutung gewonnen haben, verlegen sich viele Unternehmen darauf und folgen dem Trend, sich Werte zu geben, „weil das ja heutzutage sein muss". In ihrer Hilflosigkeit, eigene Werte zu formulieren (weil die Vorstände oft selbst gar nicht so genau wissen, wofür das Unternehmen steht), werden Marketingagenturen beauftragt, Werte für das Unternehmen festzulegen. Das führt manchmal zu skurrilen Auswüchsen – ich erinnere mich an ein Marmeladenglas, auf dessen Deckel „nachhaltig und innovativ" stand. Was an Erdbeermarmelade innovativ sein sollte, erschloss sich mir nicht, und damit wurden diese Werte in meinem Empfinden direkt wieder entwertet.

So finden Sie heraus, ob ein Unternehmen es ernst meint mit den Werten

Für die Recherche seines Buchs „Werte leben - jetzt!" hat Wulf-Hinnerk Vauk die Hauptversammlungen der DAX-Konzerne besucht, und die Vorstände nach ihren Werten und denen des Unternehmens gefragt. Die Ergebnisse waren offenbar ernüchternd – die meisten hatten auf diese Frage keine vernünftige Antwort.

Wie finden Sie aber heraus, was die tatsächlichen Unternehmenswerte sind, und wie ein Unternehmen diese lebt?

Indem Sie fragen! Wenn Sie gerade auf Jobsuche sind, stellen Sie im Vorstellungsgespräch ruhig die Frage nach den Werten, ganz konkret: „Wie leben Sie die Werte Ihrer Firma im täglichen Umgang?" Und dann werden Sie sehen, ob das Unternehmen sich wirklich damit befasst hat, wofür es steht und wie es wahrgenommen und bewertet werden will, oder ob die veröffentlichten Werte nur eine Marketingmaßnahme sind.

Was passiert mit Ihrer Resilienz, wenn Ihre Werte verletzt werden?

Grundsätzlich behaupte ich, dass es Ihnen auf Dauer nicht guttun wird, wenn Ihre Werte permanent verletzt werden, weil Sie sich in einem dauerhaften inneren Widerstreit befinden, der Sie viel Kraft kostet.

Wir haben schon festgestellt, dass es uns nicht gut geht, wenn gegen unsere Werte verstoßen wird. Dabei wird ganz konkret der Faktor „Emotionssteuerung" angesprochen, den Sie aktivieren, um Ihre Gefühle der Traurigkeit oder Verletzung auszugleichen. Wenn dieser Faktor gut ausgeprägt ist, schaffen Sie das auch. Wenn Sie ihn aber dauerhaft einsetzen müssen, weil Sie in einem Umfeld leben oder arbeiten, das Ihre Gefühle häufig verletzt, wird auch dieser Faden sich abnutzen.

Ebenso verhält es sich mit dem Faktor „Impulskontrolle". Je mehr wir uns ärgern oder verletzt fühlen, desto häufiger müssen wir uns zusammenreißen. Und auch das wird auf Dauer immer schwieriger und anstrengender werden.

Bei den anderen Faktoren hängt es von Ihren eigenen Werten ab. Wenn einer Ihrer Werte die persönliche und berufliche Weiterentwicklung ist (Faktor Zielorientierung), Ihr Umfeld aber den Wert Bequemlichkeit hat, wird es Ihnen schwerfallen, langfristig dagegen zu halten.

Wenn Ihre Werte mit einem kollegialen und wertschätzenden Miteinander zusammenhängen (passt zum Faktor „Empathie"), wird es auch Ihnen auf Dauer schwerfallen, Verständnis für Ihre Kollegen aufzubringen, wenn diese so anders agieren als Sie.

Der Faktor Optimismus wird dauerhaft geschwächt, wenn einer Ihrer Werte es ist, immer das Beste aus der Situation zu machen, Sie sich aber in einer Abteilung von Schwarzmalern wiederfinden.

Wiederum anders würde es sich mit dem Faktor Selbstwirksamkeitsüberzeugung verhalten. Wenn einer Ihrer Werte Loyalität und gegenseitige Unterstützung ist, Sie sich aber in einem Umfeld bewegen, dass Sie beständig niedermacht, wird Ihre Selbstwirksamkeitsüberzeugung darunter leiden.

7. Finden Sie den Sinn Ihres Lebens, um Ihre Resilienz zu schützen

Wir Menschen brauchen einen Sinn. Schon Viktor Frankl hat dies festgestellt, und viel darüber geschrieben – aus einer persönlichen, sehr tragischen Erfahrung heraus.

Viktor Frankl war ein jüdischer Neurologe und Psychiater, der während des Zweiten Weltkriegs in verschiedenen Konzentrationslagern inhaftiert war, diese überlebte und später über seine Erfahrungen schrieb. Frankl beobachtete, dass die Sterberate der Juden kurz nach Weihnachten extrem anstieg, ohne dass ein erkennbarer Unterschied in den (ohnehin schon unmenschlichen) Lebensbedingungen zu erkennen war. Seine Erklärung: die Hoffnung der Gefangenen, an Weihnachten wieder zu Hause zu sein, half ihnen durchzuhalten und hielt sie am Leben. Und als sie diese Hoffnung zerstört sahen, war der Sinn, am Leben zu bleiben, plötzlich nicht mehr gegeben. Und sie starben.

Das Beispiel zeigt, wie wichtig es für uns Menschen ist, den Sinn zu verstehen, um durch Krisen oder auch nur anstrengende Phasen durchzugehen. Anders ausgedrückt: den Sinn zu verstehen hinter unserem Tun hilft uns, unser inneres Spinnennetz zu aktivieren und unsere Resilienz zu schützen.

Gesellschaftlicher Trend – oder ein Generationenthema?

Heutzutage wird viel über die Generation Y gesprochen, die Generation der, zwischen den frühen 1980ern und den frühen 2000er Jahren Geborenen. Diese zeichnet sich unter anderem dadurch aus, dass sie verstärkt nach dem „Warum" (englisch „Why?" oder „Y") fragt, also den Sinn verstehen möchte, und Dinge nicht einfach so hinnimmt. Abgesehen davon, dass diese Zeitspanne extrem weit gefasst ist, und allein dadurch schon einen großen Unterschied im Aufwachsen darstellt, finde ich es grundsätzlich schwierig, Generationen in einen Topf zu werfen und ihnen gemeinsame Charakteristika anzuheften.

Meiner Meinung nach ist es ein Zeichen unserer heutigen Zeit, dass verstärkt nach dem Sinn gefragt wird. In früheren Zeiten lag der Sinn des Tuns häufig darin, sich ein sicheres, bequemes Leben aufzubauen. Mittlerweile leben wir Europäer seit über siebzig Jahren in Frieden, und trotz verschiedener Attentate auch in unserem Land und Kriege in anderen Ländern in relativer Sicherheit.

Auch finanziell geht es den meisten von uns zumindest gut – die Wirtschaft boomt, wir können bequem leben und sind selbst in Phasen von Krankheit oder Arbeitslosigkeit abgesichert.

Gleichzeitig streben immer weniger Menschen heutzutage nach materiellen Gütern und Statussymbolen. Was für viele in den 80er- und 90er-Jahren noch ein starker Antreiber war (vielleicht erinnern Sie sich an die „mein Haus, meine Frau, mein Auto"- Werbung), haben die Älteren oft schon gehabt, und es interessiert sie nicht mehr besonders, während die Jüngeren bei ihren Eltern erlebt haben, dass das auch nicht alles ist. Das bedeutet, dass immer mehr Menschen nach Selbstverwirklichung streben, und nach dem Sinn ihres Lebens suchen. Geld und Karriere sind nicht mehr der Antreiber, vielmehr geht es vermehrt um Selbstverwirklichung – insbesondere bei der jüngeren Generation, ohne die Älteren dabei auszuschließen. Die immer größer werdende Persönlichkeitsentwicklungsszene mit ihren Motivationstrainern, Selbstfindungsseminaren und Büchern (zu der ich mich im Übrigen auch zähle) ist ein Zeichen dafür, und trägt außerdem dazu bei, dass das Streben nach persönlichem Glück immer mehr in den Fokus rückt.

Zusammenhänge kennen, Sinn verstehen

Wie erwähnt, ist es für uns Menschen äußerst wichtig, den Sinn zu verstehen. Das gilt besonders in schwierigen Phasen – den Sinn unseres Tuns zu erkennen, hilft uns durchzuhalten. Unabhängig davon, ob wir in Anstellung sind oder selbstständig. Im Folgenden werde ich das anhand von Beispielen näher erläutern.

Angenommen Sie sind angestellt in einer Firma. Es herrscht gerade Hochbetrieb, und Sie haben mehr zu tun, als Sie eigentlich stemmen können. Ihr Schreibtisch quillt bereits über, und Ihre Kollegen fallen nach und nach krankheitsbedingt aus, sodass absehbar noch mehr Arbeit auf Sie zukommen wird. Wie lange Sie das durchhalten, hängt von verschiedenen Faktoren ab (unter anderem von Ihrer eigenen Resilienz), aber auch entscheidend davon, ob Sie den Sinn dahinter verstehen. Wenn die Zusammenhänge klar sind, und Sie das große Ganze kennen (Sie beispielsweise wissen, dass es um einen großen Auftrag geht, der die Umsätze der Firma für die nächsten Jahre sichert), werden Sie motivierter sein, dranzubleiben und Ihren Teil beizutragen. Denn dann macht es für Sie Sinn – es ist ja schließlich auch in Ihrem Interesse, dass die Firma, die Ihr Gehalt zahlt, finanziell gut aufgestellt ist.

Ebenso verhält es sich, wenn Sie in eine Situation geraten, bei der Sie Ihre eigenen Werte verleugnen müssen – auch das wird Ihnen leichter fallen, wenn Sie den Sinn dahinter verstehen. Kleines Beispiel gefällig?

Stellen Sie sich vor, einer Ihrer Werte ist Ehrlichkeit und Transparenz. Nun verlangt Ihr Chef von Ihnen, die Kunden in einer bestimmten Situation anzulügen – Sie werden sich mit ziemlicher Sicherheit damit unwohl fühlen. Wenn Sie nun aber verstehen, dass möglicherweise Panik ausbrechen würde, wenn Sie die Wahrheit sagten, und damit die Sicherheit aller – oder die Zukunft des Unternehmens – gefährdet wäre, wird es Ihnen höchstwahrscheinlich nicht mehr so schwerfallen.

Wenn Menschen die Zusammenhänge verstehen, haben sie auch eine Chance, den Sinn dahinter zu verstehen. Und sind eher bereit, sich einzusetzen. Wenn Sie also Führungskraft sind, plädiere ich an dieser Stelle sehr dafür, mit Ihren Leuten transparent umzugehen und ihnen die Zusammenhänge und das große Ganze zu erklären. Sie haben eine weitaus größere Chance, sie auf Ihre Seite zu ziehen und auch in schwierigen Zeiten auf die Unterstützung Ihrer Mitarbeiter zu zählen, wenn Sie das berücksichtigen. Leider gibt es in Deutschland nur allzu viele Führungskräfte, die genau das eben nicht tun – oft mit dem Argument, „wir bezahlen sie doch schon gut, und frisches Obst und Getränke sind auch täglich vorhanden, was wollen sie denn noch mehr?". Den Sinn zu verstehen, hinter diesem stehen zu können und zu wissen, was sie beitragen können, kann als Motivation tatsächlich Wunder wirken. Vergessen Sie das nicht.

Ohne Sinn leben – und trotzdem resilient bleiben?

Was passiert denn aber mit Ihrer Resilienz, wenn Sie weder den Sinn in Ihrer Arbeit sehen, noch den Sinn Ihres Lebens gefunden haben? Ich denke, die Frage beantwortet sich von selbst, ich möchte aber dennoch näher darauf eingehen.

Zunächst einmal wird es Ihnen leichter fallen, sich in schwierigen Situationen zusammenzunehmen und nicht auszurasten (also Impulskontrolle auszuüben), wenn Sie verstehen, wofür das Ganze gut ist. Zudem werden Sie wahrscheinlich weniger negative

Emotionen wie Unsicherheit, Verwirrung und Frustration verspüren, wenn Sie den Sinn hinter der Arbeitslast verstehen – und deshalb Ihre Fähigkeit zur Emotionssteuerung nicht überbelasten.

Wenn Sie das, was Sie tun, als sinnlos empfinden, wird darunter mit Sicherheit auf Dauer auch Ihr Selbstbewusstsein leiden und Ihre Selbstwirksamkeitsüberzeugung schwinden, und auch Ihr Optimismus wird arg strapaziert werden – und so weiter, und so fort. Ich denke, die Zusammenhänge sind klar.

Was ist der Sinn Ihres Lebens?

Nun müssen wir unterscheiden zwischen dem Sinn unserer Arbeit und dem Sinn unseres eigenen Lebens. Und da wird es für viele schon schwieriger. Können Sie die Frage beantworten, warum Sie auf der Welt sind? Was der Sinn und Zweck Ihres Daseins ist? Viele antworten darauf, „glücklich sein" – aber ist das ein Sinn, oder nicht vielmehr das Ergebnis, wenn Sie Ihrem Sinn gemäß leben?

Wenn Sie den Sinn Ihres Lebens noch nicht kennen, versuchen Sie sich einmal die Frage zu beantworten, was denn andere davon haben, dass es Sie gibt. Womit sind Sie anderen von Nutzen? Vielleicht bringt Sie das einer Antwort schon näher – wenn nicht, freuen Sie sich auf den zweiten Band dieser Trilogie, „Resilient – und nun?!", dort werde ich näher auf dieses Thema eingehen.

8. Sind Sie fit für die Zukunft?

Die wichtigsten Fähigkeiten der Mitarbeiter der Zukunft

Für den Podcast „Die Berufsoptimierer" werden regelmäßig Interviews mit Unternehmern, Coaches, Personalern und Wissenschaftlern geführt. Eine der letzten Fragen im Interview lautet, „Was sind deiner Meinung nach die drei wichtigsten Fähigkeiten der Mitarbeiter der Zukunft?".

Die Antworten unterscheiden sich selbstverständlich, aber folgende Punkte werden immer wieder genannt:

- Offenheit im Umgang mit Digitalisierung
- Eigenverantwortung übernehmen
- Flexibilität, Lösungsorientierung
- Empathie, guter Umgang mit Menschen
- Führungsqualitäten – auf sich selbst und auf andere bezogen

Interessant ist hier, dass es sich ausschließlich um weiche Faktoren handelt. Mit Fachkenntnissen sind wir alle bis an die Zähne bewaffnet – Soft Skills sind das, worauf es in Zukunft ankommt. Und genau hier kommt Ihre Resilienz ins Spiel, denn diese ist die Grundlage für alle Soft Skills.

Haben Sie diese Fähigkeiten schon?

Fühlen Sie sich gut gerüstet für die Zukunft? Haben Sie das, was nötig ist, um auch in der Arbeitswelt von morgen bestehen zu können und „marktfähig" zu bleiben?

Höchstwahrscheinlich sind Sie fachlich auf Ihrem Gebiet ein Experte, wenn nicht sogar eine Koryphäe. Hören Sie auf, sich fachlich weiterzubilden, und fangen Sie an, sich mit Ihrer Persönlichkeit zu beschäftigen! Lernen Sie, sich selbst zu führen, üben Sie sich in Selbstreflexion, gehen Sie gut mit sich und anderen um – kurz gesagt: werden Sie resilient(er). Denn Resilienz ist die Basis von allem.

Wie haben Sie Ihren Beruf ausgewählt?

In meinen Einzelberatungen stelle ich meistens als erstes die Frage, warum sich meine Klienten ausgerechnet für diesen Ausbildungsberuf, für dieses Studium entschieden haben.

Eine der häufigsten und, wie ich finde, sehr ernüchternden Antworten lautet: „weil mir nichts Besseres einfiel". An zweithäufigster Stelle kommt dann, „weil meine Eltern das so wollten".

Nach der Schule, also mit achtzehn, neunzehn oder zwanzig Jahren, wissen ganz viele Menschen noch gar nicht so genau, was sie wollen, was sie gut können, oder was ihnen wichtig ist. Das ist auch völlig okay so – bei mir war es auch nicht anders. Auch ich bin in meinen damaligen Beruf reingerutscht, weil ich „irgendetwas Internationales, und mit Reisen" machen wollte.

Unser System gibt jungen Leuten leider oft nicht die richtigen Hilfestellungen. Nun werden Sie argumentieren, dass durch das Internet ja alle Informationen verfügbar sind und man sie sich nur holen muss.

Ja, das ist zwar richtig: die Informationen sind da, sind aber gleichzeitig so im Überfluss vorhanden, dass viele Menschen dadurch mehr verwirrt sind, als das sie ihnen helfen.

Gleichzeitig gibt es kaum qualifizierte Unterstützung dabei zu schauen, was denn zum Einzelnen passen könnte. Oder haben Sie sich in der Schule mit Ihren Stärken und Ihren Werten beschäftigt? Mit Ihren Vorlieben und Neigungen? Also, ich nicht!

So kommt es in vielen Fällen dazu, dass die Berufswahl mit folgenden Argumenten begründet wird:

- „Der Job ist krisensicher!"
- „Lehrer werden immer gebraucht!"
- „Mit einem BWL-Studium kannst Du alles machen!"
- „Mach XY, dann kannst Du später meine Firma/meine Kanzlei übernehmen!"

Arbeiten Sie noch dort, wo Sie einmal gelernt haben?

Das häufige Resultat einer Berufswahl, der solche Kriterien zugrunde liegen, ist, dass die Person sich in einem Job wiederfindet, der... okay.... ist. Die ersten Jahre funktioniert das meist noch ganz gut – der Job ist ja neu, es gibt einiges zu lernen, die Kollegen sind nett. Wir reden uns die Dinge schön, weil wir alles noch recht aufregend finden.

Wenn es aber nicht mehr neu ist, und sich eine Routine einstellt, oder sich Schwierigkeiten mit dem Vorgesetzten ergeben, kommt dann im besten Fall langsam Unruhe auf. Möchte ich das wirklich noch die nächsten vierzig Jahre machen? Die Antwort lautet dann – hoffentlich! – nein, und die Person beschäftigt sich damit, was sie wirklich gut kann.

Manchmal – und das ist meiner Meinung nach eher die Regel – ergeben sich Änderungen und Gelegenheiten eher zufällig. In der Firma wird eine neue Stelle frei, und der Teamleiter empfiehlt Sie dorthin. Abteilungen werden zusammengelegt, und die Jobs verändern sich. Der Schwager berichtet von einer freien Stelle bei seinem Arbeitgeber, und da der Arbeitsweg zwanzig Minuten kürzer ist als bisher, bewerben Sie sich darauf.

Ob Sie dadurch an eine Position gekommen sind, die Ihnen besser liegt, als Ihr ursprünglicher Lehrberuf, kann sein, ist aber nicht automatisch der Fall – und hängt stark davon ab, wie sehr Sie sich wirklich damit beschäftigt haben, was denn die neue Position beinhaltet und ob das zu dem passt, was Sie sich vorstellen.

Verstehen Sie mich bitte nicht falsch – es gibt meiner Meinung nach keine falschen Entscheidungen, wichtig ist, dass wir aus diesen Entscheidungen lernen! Selbst wenn Sie einen Beruf ergriffen haben, der gar nicht zu Ihnen passt, und sich dann immer in Positionen haben drängen lassen, die Sie eigentlich gar nicht wollten, haben Sie in dieser Zeit höchstwahrscheinlich dennoch viel gelernt. Irgendwann ist es aber an der Zeit, das Heft selbst in die Hand zu nehmen!

Wie Erwartungen von außen Sie beeinflussen

Das Heft selbst in die Hand zu nehmen, ist manchmal aber auch gar nicht so leicht – denn von außen werden unwahrscheinlich viele Erwartungen an uns gestellt. „Kind, Du hast doch studiert, Du musst doch was aus Dir machen!" ist dabei nur eine von vielen möglichen. Um noch einmal bei der Berufswahl zu bleiben – gerade an junge Menschen werden viele Erwartungen gestellt. Und sei es nur die Erwartung, dass diese glücklich werden!

Die Erwartungen der Eltern an ihre Kinder haben sich in den letzten Jahrzehnten meiner Meinung nach eklatant geändert. Vor fünfzig, sechzig Jahren oder länger ging es darum, in die Fußstapfen des Vaters zu treten. Später dann ging es um sichere Jobs, um Firmenzugehörigkeit und um Altersversorge.

Bei den Generationen, die in den letzten zehn oder fünfzehn Jahren in den Beruf gekommen sind, wünschen sich die Eltern häufig etwas anderes für ihre Kinder. Mittlerweile haben Schulabgänger größere Freiheiten in der Berufswahl, weil ihre Eltern ihnen nicht so strikte Vorgaben machen wie noch deren Eltern vor ihnen. Häufig geben Eltern ihren Kindern heutzutage nur einen Wunsch mit auf den Weg: „Such Dir etwas, was Dir Spaß macht, und werde glücklich."

Aber auch dies ist eine Erwartung, die an junge Menschen gestellt wird – und zwar eine sehr große Erwartung. Glück ist ja das ganz große Ziel, und ein Idealzustand, den anzustreben sich lohnt, der aber nicht selbstverständlich ist. Und der zudem schwer zu definieren ist – dass er individuell auch noch komplett unterschiedliche Ausprägungen haben kann, mal ganz abgesehen.

Mit diesem hehren Anspruch in die Berufswahl zu gehen, ohne Anleitung, wie ich denn herausfinden kann, wie mein persönliches Glück denn überhaupt aussieht, kann ebenfalls ein großer Druck sein, und macht die Sache nicht leichter.

Warum Sie Ihre eigenen Wünsche zurückstellen

In späteren Jahren kommen dann häufig noch andere Faktoren hinzu. Vielleicht haben Sie geheiratet, eine Familie gegründet, haben sich Eigentum angeschafft und sich ein Leben aufgebaut. All das fußt höchstwahrscheinlich auf der Position, die Sie sich erarbeitet haben, und dem Geld, das Sie damit verdienen.

Was aber passiert, wenn Sie in dieser Position kreuzunglücklich sind? Dann wird es schwierig, denn ein kompletter Wechsel erscheint von außen betrachtet nur schwer möglich. Aber was ist der Preis? Ihre Resilienz ist der Preis! Und ein sehr hoher, wie ich finde.

Dazu kommt, dass Ihr Umfeld an das gewöhnt ist, was Sie tun und wofür Sie stehen, und mit großer Wahrscheinlichkeit auch zumindest zu einem Teil aus Ihren Arbeitskollegen besteht. Anders ausgedrückt: aus Menschen, die so sind, wie Sie. Aber vielleicht sind Sie ja in Wirklichkeit gar nicht so, sondern haben sich in diesem Leben nur eingerichtet und haben sich angepasst? Vielleicht haben Sie Ihre wahren Stärken bisher nicht wirklich ausgelebt, tun nicht das, was Ihnen am meisten Freude macht – und in dem Sie auch noch richtig, richtig gut sind.

Was passiert aber, wenn Sie plötzlich anfangen, Sie selbst zu sein und das zu tun, was Ihre Berufung ist? Wenn Sie andere Bücher lesen als bisher (vielleicht dieses), Seminare besuchen, und anfangen, sich mit anderen Dingen als bisher zu befassen, und vielleicht auch über andere Dinge sprechen möchten?

Für Ihr Umfeld kann das schwierig sein. Ihr Umfeld wird nicht wollen, dass Sie sich verändern – es mag Sie ja so, wie Sie sind. Und wenn Sie anfangen, unbequeme Fragen zu stellen und vielleicht sogar mehr zu wollen vom Leben, können Sie damit Ihre Lieben möglicherweise in unangenehme Situationen bringen. Weil diese vielleicht glauben, sie müssen sich selbst auch hinterfragen. Weil sich dann das ungute Gefühl anschleicht, beruflich vielleicht auch eine falsche Entscheidung gefällt zu haben. Weil sich das schlechte Gewissen breitmacht, weil ihr Umfeld sich nicht traut, das gewohnte Terrain ebenfalls zu verlassen.

Die Wahrheit kann wehtun – deshalb vermeiden ganz viele Menschen, der Wahrheit ins Gesicht zu blicken. Ihrer eigenen Wahrheit.

Dazu kommt aber auch noch ein weiterer Faktor. Wenn Sie sich (beruflich) verändern, begeben Sie sich ja auf unsicheres Terrain.

Unsicheres Terrain bedeutet aber auch immer potentielle Gefahren. Und vor diesen möchte Ihr Umfeld Sie schützen.

Evolutionär bedingt sind wir Menschen aber darauf ausgerichtet, dazuzugehören – wenn wir nicht mit in der Höhle schlafen dürfen, frisst uns höchstwahrscheinlich der Säbelzahntiger. Wenn also die anderen Mitglieder unserer Kohorte nicht mit dem einverstanden sind, was wir tun, werden wir ausgegrenzt. Dieser Instinkt, diese Urangst hält viele Menschen davon ab, sich zu verändern.

Wenn Sie sich dieser Faktoren aber bewusst sind, können Sie freier entscheiden, was Sie machen und welchem Beruf Sie nachgehen möchten, weil Sie die Risiken und möglichen Auswirkungen Ihrer Entscheidung einschätzen und diesen möglicherweise vorbeugen können.

Wenn Sie sich also entscheiden, an sich zu arbeiten, sich beruflich vielleicht zu verändern, weil Sie merken, dass Sie im falschen Job feststecken, kann ich Sie dazu nur ermuntern. Ihre Resilienz, Ihre Gesundheit und Ihr Lebensglück wird es Ihnen danken. Beschäftigen Sie sich aber mit den möglichen Risiken und Auswirkungen, damit Sie von diesen nicht überrascht werden.

Wie sich die Arbeitswelt noch verändern wird

Höchstwahrscheinlich haben Sie es schon mitbekommen: die Digitalisierung beeinflusst alle Lebens- und Arbeitsbereiche, und das wird in der Zukunft noch mehr werden. Auch wenn Sie noch denken mögen, „dieses Internet, das setzt sich niemals durch" – die Entwicklung ist nicht mehr zurückzudrehen. Sie ist aber auch nicht nur negativ zu betrachten, entgegen der landläufigen Meinung und auch entgegen dem, was manche Schwarzmaler sagen.

Die Chancen

Die Arbeitswelt verändert sich. Jobs werden wegfallen – vielleicht sogar Ihrer. Daran ist nicht zu rütteln, das ist nicht zu leugnen. Das lässt sich auch nicht mehr zurückdrehen. Andererseits kann dies auch zu Verbesserungen führen.

In seinem Buch „Mythos Fachkräftemangel" erzählt Martin Gaedt die Geschichte eines niederländischen Pflegeheimes. Dieses Pflegeheim ist dem, auch in den Niederlanden herrschenden Mangel an guten und zuverlässigen Pflegekräften, entgegengetreten, in dem es Pflegeroboter angeschafft hat. Zunächst mutet dies als die absolute Horrorvorstellung an, und ist genau das Szenario, was in den Medien häufig als „worst case" dargestellt wird.

In diesem Fall hatte diese Umstellung aber folgende Auswirkung: die Pflegeroboter haben vorwiegen Tätigkeiten übernommen, die körperlich anstrengend waren, wie beispielsweise das Heben und Umlagern der Patienten. Das hat zu einer deutlichen Entlastung der Pflegekräfte geführt, deren Krankheitsrate aufgrund von Rückenbeschwerden spürbar sank. Gleichzeitig wurden die Pflegekräfte von Routinetätigkeiten entlastet.

Der Effekt war, dass die Altenpfleger mehr Zeit für die persönliche Zuwendung zu ihren Patienten hatten, und weniger körperlich belastet waren. Nicht nur, dass der befürchtete Effekt der „Entmenschlichung" gar nicht eintraf – im Gegenteil, das Pflegeheim wurde viel menschlicher, die Patienten fühlten sich besser betreut, und die Altenpfleger hatten mehr Zeit zur Verfügung für den menschlichen Umgang mit den alten Menschen. Dadurch sank die Ausfallrate, die Fluktuation sank und insgesamt stand das Pflegeheim wirtschaftlich besser da.

Ich bringe dieses Beispiel nicht, um die Digitalisierung zu verherrlichen. Es geht mir nur darum, andere Aspekte aufzuzeigen und den Blickwinkel zu ändern – und Sie zu ermutigen, mit ein wenig Optimismus und voller Resilienz an das Leben und an die Zukunft heranzugehen.

Digitalisierung braucht Menschen

Nun werden Sie einwenden, dass andere Unternehmen diese Zeitersparnis nicht nutzen würden, um die Qualität zu verbessern, sondern lediglich um Kosten zu sparen. Das mag sein – aber es wird auch genug Unternehmen geben, die das anders sehen. Und diese werden gute Mitarbeiter brauchen.

Mitarbeiter, die sich mit ihrer persönlichen Entwicklung beschäftigen. Die zielorientiert handeln können. Die sich gut selbst organisieren, und sich zudem selbst führen können. Menschen, die empathisch sind – mit sich selbst und mit anderen. Reflektierte Menschen, die aus ihren Fehlern lernen. Menschen, die Chancen erkennen, und diese nutzen. Resiliente Menschen eben - Menschen wie Sie.

9. Der Abschluss – und ein Ausblick

Heute kann ich von mir behaupten, dass ich nicht nur resilient bin, sondern auch resilient lebe. Ich liebe das, was ich tue, und ich liebe besonders die Vielfältigkeit meiner Selbstständigkeit. Ich bin erfolgreich als Trainerin, Speakerin und Coach, bin Podcasterin und nun auch Buchautorin. Bei allem, was ich tue, handele ich zielorientiert und bin sehr ehrgeizig. Optimismus und Empathie waren immer schon meine Stärken, und sie kommen mir in meinem Job sehr zugute. Meine Fähigkeit zur Kausalanalyse halte ich aufrecht durch regelmäßige Coachings und Seminare, die ich buche, und durch meine Mastermind-Gruppen. Das Vertrauen in meine eigenen Fähigkeiten, meine Selbstwirksamkeitsüberzeugung, füttere ich regelmäßig durch die Rückmeldungen meiner Klienten und Teilnehmer.

Die Punkte, an denen ich am meisten arbeiten musste, waren meine Impulskontrolle und meine Emotionssteuerung. Diese beiden werden wohl immer meine Baustellen bleiben. Aber ich weiß – solange ich mir selbst treu bleibe und weiterhin das tue, was mir am meisten Spaß macht, und außerdem ganz gezielt auf körperlichen und geistigen Ausgleich achte, werde ich auch diese Fäden stark halten können.

Ich hoffe, Ihnen hat dieses Buch gefallen. Mir hat es viel Freude gemacht, es zu schreiben. Während des Schreibens habe ich einen Entschluss gefasst: es wird kein Einzelstück bleiben, sondern der erste Teil einer Trilogie sein: der Trilogie *„Resilienz x Spaß = Erfolg"*.

Ich bin der festen Überzeugung, dass Menschen, die resilient sind und resilient leben, und Spaß und Freude an dem haben, was sie tun, nicht aufzuhalten sind.

Im zweiten Band wird es also um den Spaß gehen, genauer gesagt: wie finden Sie wieder in die Freude zurück, wenn es mal nicht so gut läuft im Job oder Ihrer Selbstständigkeit. Oder auch, wenn Sie beruflich wirklich am falschen Ort sind: wie finden Sie etwas, was Ihnen Freude bereitet.

Im dritten und letzten Band wird es dann um Erfolg gehen, und ich werde meine persönlichen Erfolgsgeheimnisse – und die von anderen erfolgreichen Menschen – mit Ihnen teilen.

Ich lade Sie auch ein, meinem Podcast zu folgen: *„Wandelstark. Mit resilienten Netzwerken zu wahrem Leadership“*.

Ich freue mich, Sie einmal persönlich kennenzulernen, und wünsche Ihnen bis dahin resiliente Zeiten.

10. Mein Dank an Sie

Vielen Dank, dass Sie dieses Buch erstanden und sich die Zeit genommen haben, es zu lesen! Ich freu mich sehr, dass ich Sie zumindest ein kleines Stück weit auf Ihrem Weg begleiten und Sie hoffentlich ein wenig inspirieren konnte. Als Dankeschön dafür, möchte ich Ihnen ein Geschenk machen.

Sicherlich haben Sie beim Lesen schon überlegt, welcher Faden bei Ihnen wie stark ausgeprägt ist, und haben dies auch mittels meines Resilienz-Tests überprüft. Gerne wiederhole ich hier noch einmal das Angebot eines kostenlosen Gesprächs, um Ihre Ergebnisse zu reflektieren - damit Sie auch direkt wissen, wie Sie die einzelnen Fäden in Ihr Leben integrieren können.

Diese Möglichkeit biete ich jedoch nur Lesern, die ernsthaftes Interesse haben, die Ergebnisse wirklich für sich zu nutzen. Wenn Sie aber entschlossen sind, Ihr Leben zum Positiven zu wenden, vereinbaren Sie jetzt sofort einen Termin unter

https://katjamichalek.de/termin

Ich freue mich sehr auf unseren gemeinsamen Zoom-Call!

Bis dahin alles Liebe, Ihre Katja

11. Danksagungen

Mein innigster und aufrichtiger Dank gilt meinen Eltern, Edith und Rainer Forstbauer und meiner Schwester Christel Flowers:
Wenn sie mich nicht so bedingungslos geliebt und mir Wurzeln gegeben hätten, hätte ich meine Flügel nicht entfalten können.

Ich danke Ernst Crameri für das Coaching, den genauen Fahrplan – und seinen Glauben an mich. Du hast mir Einfachheit und Klarheit wiedergegeben!

Ich danke meiner Freundin Eva, die mit einer Buchempfehlung den Stein ins Rollen gebracht hat.

Ich danke den tollen Frauen in meiner Mastermind-Gruppe, Nana, Eva, Michi und Elke, für ihre Unterstützung.

Besonderen Dank auch an Kristiane, meinen orangenen Cross-Coaching-Buddy, für den wöchentlichen Austausch und das kritische und liebevolle Vorlektorat.

Susanne Wiemer, meine Grafikerin, die mich seit Beginn meiner Selbstständigkeit begleitet und hochprofessionell, treffsicher und stilvoll das grafisch umsetzt, was mich ausmacht – in diesem Fall das Buchcover! Danke!

...und natürlich Marcus, der unseren wilden Jungs so ein toller Vater ist, mir immer den Rücken stärkt und so fest an mich glaubt. Ich liebe Dich!

12. Literaturliste und Weblinks

Arntz, W.; Chasse, B.; Vicente, M. (2006): *Bleep*. Kirchzarten bei Freiburg: VAK Verlags GmbH.

Gaedt, M. (2014): *Mythos Fachkräftemangel*. Weinheim: Wiley-VCH Verlag.

Gaedt, M. (2016): *Rock Your Idea – Mit Ideen die Welt verändern*. Hamburg: Murmann Publishers GmbH.

Grant, A. (2016): *Geben und Nehmen: Warum Egoisten nicht immer gewinnen und hilfsbereite Menschen weiterkommen*. München: Droemer Taschenbuch.

Grof, S. (2008): *Impossible. Wenn Unglaubliches passiert*. München: Kösel-Verlag.

Hartmann, A. (2015): *Mit dem Elefant durch die Wand. Wie wir unser Unterbewusstsein auf Erfolgskurs bringen*. München: Ariston Verlag.

Hochreither, P. (2005): *Erfolgsfaktor Fehler! Persönlicher Erfolg durch Fehler*. Göttingen: BusinessVillage.

Mourlane, D. (2015): *Resilienz – die geheimen Fähigkeiten der wirklich Erfolgreichen*. Göttingen: BusinessVillage.

Pollock, D. (2003): *Third Culture Kids: Aufwachsen in mehreren Kulturen*. Marburg: Verlag der Francke-Buchhandlung GmbH.

Popper, K. R.; Eccles, J. C. (1982): *Das Ich und das Gehirn*. München: Piper.

Weidner, J. (2018). *Optimismus – Warum manche weiter kommen als andere.* Frankfurt/Main: Campus Verlag.

Werner, E. (1977): *The Children of Kauai. A longitudinal study from the prenatal period to age ten.* Hawaii: University of Hawai'i Press.

Birkenbihl, Vera F.: *In jeder Situation ein Lächeln bewahren,* unter: https://www.youtube.com/watch?v=LtPZ3gKAZs0 (abgerufen am 25.10.2018).

Hagen, Jan: *Fehlermangement,* unter: https://www.impulse.de/management/fehlermanagement-luftfahrt/2025426.html (abgerufen am 25.10.2018).

The Benson Ford Research Center: *The Vagabonds,* unter: https://www.thehenryford.org/collections-and-research/digital-resources/popular-topics/the-vagabonds/ (abgerufen am 28.10.2018).

Wikipedia: *Emmy Werner (Psychologin),* unter: https://de.wikipedia.org/wiki/Emmy_Werner_(Psychologin) (abgerufen am 25.10.2018).

Wikipedia: *Fehlerkultur,* unter: https://de.wikipedia.org/wiki/Fehlerkultur (abgerufen am 25.10.2018).